KB198944

운명은 사다리 타기

운명은
사다리 타기

강신일 강안나 김대중 설지혜 심의섭 유상진 이상진 지음

I'm

명리학과의 인연

武勁 황충연

소설, 수필, 시. 어떤 형식의 글이든 모든 글은 글쓴이를 드러내는 자화상이라 할 수 있다. 그 글에 담긴 글쓴이의 지식과 경험, 그리고 살아오면서 터득한 삶의 지혜가 녹아 있기 때문이다.

전업 작가가 아닌 이들이 모여 진솔하고도 용감하게 자신들의 이야기를 글로 옮기고, 이를 한 권의 책으로 엮어낸 데 깊은 찬사를 보낸다.

이들은 명리학을 함께 공부한 짧은 인연을 우연으로 끝내지 않았다. 자신들만의 이야기를 책으로 만들어내기 위해 함께 기획하고 글을 엮어 평생 이어질 인연으로 승화시켰다.

직장을 퇴사한 백수부터 변호사, 교수, 국가고시 준비생까지, 다양한 7명이 그만큼 다양한 주제로 책을 펴냈다. 나는 그들에게 명리학을 가르쳤다는 이유로 추천사를 쓰는 영광을 누리게 되었다. 그러나 추천사를 쓰는 나보다 이 책에 자신의 이야기를 담아낸 이들이 훨씬 더 훌륭하고 뛰어난 사람이라는 것은 길게 설명할 필요조차 없다.

각자의 글은 하나하나 과시하지 않으면서도 아름답고, 투박하지만 진솔한 사람들의 이야기를 잔잔하게 들려준다. 자신의 경험을 솔직하게 드러내는 것은 쉽지 않은 일이며, 큰 용기가 필요하다. 각자의 위치에서 겪은 경험담은 어떤 이에게는 위로가 되고, 또 어떤 이에게는 용기를 줄 것이다.

어쩌면 독자들이 비슷한 나이에 같은 고민을 했을 법한 이야기들, 가슴 아프게 파고드는 충고가 담긴 글, 그리고 방황하는 후배의 손을 잡아 이끄는 따뜻한 손길 같은 글들로 이 책은 빼곡하다. 이런 좋은 글들에 추천사를 더하는 것은 어쩌면 사족일지도 모른다.

아름다운 사람들이 써 내려간 진솔한 자서전이 많은 독자들의 마음을 울리길 희망한다.

목차

4. 어른의 꿈 | 설지혜

5. 내 등뼈는 똑바른가 | 심의섭

6. 다시 시작하는 용기 | 유상진

7. 가는 곳에 길이 있다 | 이상진

1. 내가 사주풀이를 믿게 된 이유

강신일

홍대 A사주카페

시끄럽다. 오늘따라 알람 소리가 유난히 요란하다. 몸이 천근만근이다. 술도 잘 못 마시면서 어제 과음을 했나 보다. 오늘이 무슨 요일이지? 아, 토요일이구나. 다행이다.

어젯밤 믿었던 선배에게 배신 비슷한 말을 듣고 10잔이나 마신 것 같다. 평소 3잔만 마셔도 얼굴이 벌개지고 다리가 흐느적거리는 내가 어떻게 10잔이나 마셨을까. 주력으로 하던 업무에서 다른 업무로 옮긴 지 이제 7개월이 되었는데 1년을 채우고 돌아가면 진급도 가능할 거라 믿고 있었다. 그런데 선배가 내 기대에 찬물을 끼얹었다. 다시 돌아갈 가능성은 없고, 지금의 업무에 적응해야 한다고 작정한 듯 말했다. 내가 당연하게 여겨온 모든 것을 단번에 뒤엎는 말이었다.

운명은 사다리 타기

진급을 앞두고 연말을 긴장하고 있던 나에게 선배의 말은 충격이었다. 좌심실과 우심방이 녹아내리는 듯한 고통이었다. 그래서 마셨던 것 같다. 아니, 들이부었던 것 같다. 평소 같았으면 이런 일을 저지른 놈을 미쳤다고 욕했을 테지만, 어제의 나는 그 미친 놈이었다. 평소라면 입에 담지도 못할 온갖 창의적인 욕을 쏟아냈다. 내가 아는 모든 동물 이름에 '새끼'라는 접미사를 아주 맛깔스럽게 붙여가며 말이다.

내가 싸움을 잘하는 사람이었다면 3미터쯤 뛰어올라 그 선배를 두들겨 팼을지도 모른다. 빨간 줄이 그어질 정도로 패줬을 것이다. 이렇게까지 생각하는 내가 육체적으로 미약한 게 지금 생각하니 다행이다.

그래도 쌓인 시간과 정이 얼마인데, 혹시나 하고 휴대폰을 확인해본다. 그 선배에게서는 전화가 없다. 왔으면 나도 슬쩍 사과하면서 관계를 유지했을지 모른다. 하지만 지금은 내가 먼저 나서고 싶지 않다. 왜 그 선배가 그런 말을 했을까? 진짜 근거가 있는 걸까? 아니면 그냥 본인 소망을 내뱉은 걸까? 어느 쪽이든 기분이 좋지 않다. 만약 근거가 있다면 내가 회사 사정을 몰랐던 것이고, 단순한 소망이라면 그동안 내가 품었던 신뢰가 아깝다. 그래도 굳이 선택하라면 후자였으면 한다. 이제 50을 바라보니 의리나 우정보다 금전이나 출세가 더 소중하다는 걸 인정해야 하는 순간도 있다는 걸 안다. 아니다, 사실

우정이 더 소중할 수도 있지 않을까? 그런데 지금도 나 자신에게 멋있어 보이려는 가면을 쓰고 있는 건가? 모르겠다, 정말 모르겠어. 지금 나의 뇌는 이성적인 판단을 내리기엔 너무 혼란스럽다.

아, 이런 일들을 누구에게 털어놓고 물어볼 수 있을까? 곰곰이 생각해본다. 없다. 평소 성격이 까칠해서 인간관계가 습자지처럼 얇은데다가 이런 이야기를 꺼내는 것도 나에게는 부담 백배, 듣는 이들에게도 냉담한 반응을 부르기 십상이다. 누군가에게 마음을 선뜻 열기가 쉽지 않다. 갑자기 지난주 만난 후배가 추천한 홍대 앞 A사주카페가 떠오른다. 용하다며 대박이라고 했던 그곳이다.

그래, 나를 전혀 모르는 사람이라면 괜찮을 것 같다. 마음껏 이야기할 수 있다. 그런데 사주카페에서는 내 생년월일만 보고 궁금증과 고민을 해결해 준다고? 믿기 어렵다. 어떻게 생년월일만으로 내 인생을 논할 수 있다는 말인가? 평소 사주에 대해 깊이 생각해본 적이 없었다. 어쩌면 어제의 충격이 나를 이 지경으로 몰아넣었는지도 모른다. 정신을 차리자.

카톡 알림이 온다. 그 선배다. 뭐 그리 화를 내냐고, 물어볼 수도 있는 것 아니냐고. 카톡 미리보기로만 보고, 읽음 표시가 남지 않게 조심할 걸 그랬다. 답장은 쓰기 싫다. 어제 만남 전까지는 사랑스러웠던 선배지만 이제 나에게는 다른 사람이다. 사주에 대한 의구심을 가지려던 찰나, 그의 카톡이 확신을 준다. 가봐야겠다. 톡 답장을 하는 대

운명은 사다리 타기

신 홍대의 그 사주카페에 전화를 건다. 아직 영업시간 전이라 응답이 없다.

무거운 몸을 일으켜 샤워실로 향한다. 사주를 보기 위해, 그것도 황금 같은 토요일 오전에 몸을 움직이다니. 어제의 내가 지금의 나를 본다면 술을 안 마셔도 미친놈이 될 수 있다고 할 것이다. 상관없다. 지금 내 모든 신경은 주위의 평가가 아니라 사주가 얼마나 신빙성이 있는지, 그분이 얼마나 뛰어난 분이신지에 집중하고 있다.

머리에 왁스를 정성스럽게 바르는 내 모습을 보니 웃음이 난다. 첫 인상이 좋으면 사주풀이도 좋게 나올 거라고 생각하는 건가? 요즘 이렇게 빨리 잊어버리고 지금 하는 일에만 집중하는 게 좀 걱정된다. 몸에 이상이 있는 건 아니겠지? 아니다, 지금은 이런 생각을 할 때가 아니다. 서두르자.

전철을 탔다. 홍대는 정말 오랜만이다. 2호선을 타고 온 것도 참 오랜만이다. 지하로 내려가면 늘 답답함이 느껴져 조금 더 시간이 걸려도 차를 선호하는 편이라 그렇다. 좋아하는 유튜브 채널을 보며 웃고 있는데 창가에 비친 내 모습과 눈이 딱 마주친다. 정신나간 놈, 지금 나의 운명을 확인하러 가는 길에 숏츠를 보고 웃다니. 멘탈이 강한 건지 없는 건지 헷갈린다. 사주 관련 유튜브 콘텐츠를 찾아본다. 음, 신기하다. 오늘 내 희망찬 운명을 발견하고 그 괘씸한 선배의 명치를 날려버릴 상상을 하니 쓴웃음이 입가에 흐른다.

A사주카페는 홍대입구역에서 그리 멀지 않았다. 예약을 하고 1시간 후에 보자고 한다. 1시간 동안 뭘 하지? 갑자기 취기가 가시니 배가 고프고 머리가 아파온다. 스타벅스로 간다. 평소에도 계란을 좋아하는 나는 에그샌드위치와 아이스 아메리카노를 주문한다. 맛있다. 오늘따라 계란의 노란색이 유난히 더 선명하고 고소하다. 오늘은 운이 좋다. 암, 그럼. 나는 운이 좋은 사람이다.

1시간 후, 카페에 앉았다. 복비와 별도로 차를 한 잔 주문해야 한다기에, 커피는 이미 마셨으니 전통차 메뉴를 쭉 훑어보다가 냉 오미자차를 고른다. 붉은색이 오늘 나에게 에너지를 줄 것 같다.

사주를 봐주는 아주머니는 그야말로 평범한 모습이다. 예전에 우리 옆집에 살던 분과도 비슷한 느낌이다. 내 태어난 연도, 월, 일, 시간을 묻고는 책을 꺼내 집중하며 사주를 풀기 시작한다. 5분이 마치 5시간처럼 느껴진다 마침내, 현자의 눈빛으로 고개를 든 아주머니가 내 성격과 초년, 중년, 말년의 운세를 설명해준다. 성격? 깜짝 놀랄 만큼 잘 맞춘다. 초년운? 소름이 돋을 정도로 정확하다. 그런데 중년운에서는 약간 모호하다. 좋은 것 같은데, 나쁜 건가? 용기를 내어 묻는다.

"올해 말에 기존 업무로 복귀하고 승진할 수 있을까요?"

아주머니는 아직 풀이가 끝나지 않았는데 성급하게 물었다는 표정을 짓는다. 오른쪽 눈이 살짝 일그러지고 입술이 삐쭉해진다.

운명은 사다리 타기

"올해 말이라……. 이동수도 문서운도 없어 이동이나 승진은 없겠네요."

그 뒤에 이어진 말년운이 좋다는 둥, 자식운이 좋다는 둥 하는 이야기는 귀에 들어오지 않는다.

멍하다. 그럴 리가 없는데. 나는 운이 좋은데, 진급될 텐데……. 아니다. 솔직히 말하면 나는 사실 운이 좋지 않다. 전철 내릴 때 발이 턱에 걸려 넘어질 뻔했고, 스타벅스에서 먹은 샌드위치의 달걀도 생각해보니 별로였다. 적어도 샛노랗지는 않았다. 집으로 돌아온 기억이 없다. 아내가 저녁은 어떻게 할 거냐고 묻는데 표정이 평소와 다르게 느껴진다. 진급 못 한다고 무시하는 건 아니겠지? 어제 마신 술기운이 아직도 나의 뇌를 지배하고 있는 건가 보다. 무슨 이런 말도 안 되는 생각을 하다니……. 사실 연말에 진급하고 기존 업무로 돌아가는 게 쉬운 일은 아니었다. 맞다, 어려운 일이었다. 그래도… 아니, 그래도 할 수 있지 않을까? 혼란스러운 마음속에서 두 자아가 충돌한다. 피곤하다. 어느샌가 잠이 들어버렸다.

일요일 아침이다. 기분이 좋을 것 같다가도 생각하니 나빠진다. 어제 그런 사주풀이를 듣고 와서도 이렇게 푹 자고 아침 햇살에 행복을 느끼려는 내 자신을 다잡는다. 정신 차리자. 이런 느슨한 정신 상태로는 운명도 내 손을 잡아주지 않을 거야. 뭐가 잘못된 걸까? 문득 의문이 떠오른다. 어머니가 나를 하루 뒤에 낳았거나, 아니면 적어도

3시간 늦게 낳았으면 내 운명이 바뀌지 않았을까? 아니, 혹시 어머니가 내 태어난 연도와 월, 일, 심지어 시간을 잘못 알고 계신 것은 아닐까? 틀림없다. 분명 뭔가 착오가 있을 거다. 내가 연말에 안 좋을 리가 없다.

어머니에게 전화를 건다.

"엄마, 자?"

"자기는… 지금 몇 시인데, 일요일 아침에 무슨 일이니?"

"엄마, 중요한 일이야. 신중하게 대답해줘. 내 생일이 ○년 ○월 ○일이 맞아? 태어난 시간도 그때가 맞아?"

어머니가 잠시 머뭇거린다. 맞다, 어머니가 헷갈린 거다.

"무슨 자다가 봉창 두드리는 소리야? 생일도 맞고, 태어난 시간도 맞아. 아침밥 먹을 시간이었으니까 확실해."

"확실해? 알겠어."

"싱거운 녀석… 아침은 먹고 다니고 있지?"

엄마는 지금 내가 얼마나 절망적인 기분인지 모른다. 마치 디스코 팡팡의 최고점에서 튕겨져 나간 것 같은 이 기분을. 아, 그럼 뭐가 잘못된 걸까? 사주라는 게 다 틀린 건가? 그런데 다른 풀이들은 나를 옆에서 지켜본 것처럼 정확히 들어맞았는데… 완전히 부정하기도 어렵다. 그렇다면…….

운명은 사다리 타기

경복궁 근처 S철학관

 더 유명한 분을 찾아가야겠다는 생각이 든다. 홍대의 사주카페는 어쩐지 믿음이 가지 않는다. 이번에는 제대로 된 전문가, 이름을 걸고 S철학관이라 부르는 곳으로 가야겠다. 분명 얼마 전 누군가 나에게 유명한 철학관을 추천해줬던 기억이 있다. 연락처에 저장된 사람들을 하나씩 살펴본다. 최근 2주 전쯤 점심때쯤이었는데… 맞다, B 누나가 이야기했었다. 그때도 '용하다'며 열심히 추천했던 곳이다.

 "누나, 거기가 어디지?"

 "갑자기 무슨 소리야?"

 "사주 잘 본다는 그 곳……."

 "아, 경복궁 근처 S철학관? 그땐 관심 없다더니 왜 갑자기?"

"맞아, S철학관! 나중에 얘기할게, 급해서……."

전화를 끊고 철학관에 연락을 시도한다. 그런데 그곳은 전화 예약이 안 된다. 무조건 카톡으로만 예약을 해야 한다고 한다. 번호를 저장하고 카톡 친구 목록에 추가하자마자 바로 메시지를 보낸다.

'상담을 하고 싶습니다.' → 30분이 흐른다. → '네, 저희는 40분간 상담을 진행하는데, 현재는 8주 후에 가능하십니다.'

아, 일단 8주 후 예약을 잡고 중간에 취소되면 연락 달라고 부탁한다. → 15분이 지나 답장이 온다. → '네네, 대기하시는 분이 세 분 있으니 순서에 따라 연락드리겠습니다.'

역시 나에게 행운이란 없다. 8주를 기다렸다. 주변 사람들은 바쁘다며 약속을 자주 변경하지만, S철학관을 찾는 사람들은 정말 성실한가 보다.

드디어 그날이 왔다. 그때처럼 전철을 타고 경복궁역에 내렸다. 3호선 경복궁역 내부는 멋있다. 평소엔 서울의 오래된 역사를 느끼며 즐겼을 텐데 오늘은 마음이 급해서 보이지 않는다. 오늘은 나의 운명이 걸린 날이니까.

카톡에서 알려준 대로 좌회전, 우회전을 몇 번 반복하자 드디어 S철학관의 간판이 보인다. 심장이 요동친다. 이곳에서도 안 좋은 이야기를 들으면 어쩌지? 중학생 딸의 얼굴이 스쳐 지나가고, 부모님의 얼굴도 보인다. 연애할 때의 밝게 웃던 아내의 모습도 머리에 떠오른

운명은 사다리 타기

다. 이분은 과연 어떤 이야기를 해주실까?

드디어 그분 앞에 앉았다. 잘생긴 얼굴에 중저음의 목소리. 믿음이 간다.

"제가 하는 말 다 기억할 수 있으세요?"

"아니요."

"그런데 왜 녹음 안 하세요?"

"아, 녹음해도 되나요?"

지난 8주간 주변 사람들에게 철학관 상담 경험을 묻고 다녔지만, 녹음이 가능하다는 곳은 처음이다. 홍대 A사주카페에서는 녹음하다 걸리면 상담 중지를 한다고까지 써 있었던 걸 떠올리니 여긴 정말 다르다는 생각이 든다.

그분은 나의 사주를 하나하나 풀어주신다. 토가 4개, 수가 3개, 화가 1개… 겨울에 태어나서 물이 얼어 있는데 화가 있어서 다행이라며, 47세부터 대운이 시작되고, 성격은 이러저러하며 초년운, 중년운, 말년운까지 쭉 설명해주신다. 설명이 시작되자마자 나는 점점 빠져든다. 이분은 내가 아는 절친보다도 나를 더 잘 아는 것 같다. 지금껏 겉으로는 웃어 왔지만 속으로는 많이 힘들었을 거라고 하는데, 순간 눈물이 핑 돈다. 맞다. 나는 겉으론 웃고 있었지만 마음속으론 자주 울었다.

2년 전부터 운이 좋아지고 있었다고 하며, 4년 후 회사에서 대박이

날 거라고 한다. 대박이라니! 반쯤 웃다가 다시 생각해보니, 올해 말에 좋은 일이 있어야 4년 후 대박을 기대할 수 있을 것 같았다. 혹시라도 놓치지 않으려 조심스레 묻는다.

"선생님, 4년 후가 대박이려면 올해 말에도 뭔가 좋은 일이 있어야 그때를 기대할 수 있지 않을까요? 만약 4년 후만 좋다면, 그것이 어떤 의미인지 이해가 잘 안 돼서요."

선생님은 잠시 뜸을 들인다. 나 또한 내 인생을 돌아보며 긴장감에 휩싸인다. 짧은 시간이지만 길고도 긴 순간처럼 느껴진다. 마침내 선생님이 입을 연다.

"올해 말에도 좋아요. 4년 후엔 더 좋다는 말입니다."

속으로 야호를 외친다. 내 예상이 맞았다. 올해 말엔 분명 잘될 것이라 확신하고 있었는데! 홍대 A사주카페는 정말 엉터리였다. 나의 고생한 8주를 보상받는 느낌이다. 병원도 그렇고 천하관도 그렇고, 제대로 된 곳을 가야 한다는 말이 사실이었다. 비용이 조금 더 들더라도. S철학관이 홍대보다 3배나 비쌌지만 싼 게 비지떡이었다. 됐다. 이제 나도 됐다. 엄마, 아빠, 와이프, 딸아, 이제는 걱정하지 마세요. 남편을, 아빠를 믿어주세요. 하늘도 맑다. 북촌이 아름답다. 마치 앞으로 펼쳐질 내 인생처럼……

그날 집에 어떻게 돌아왔는지도 모르겠다. 꿀잠을 잤다. 꿈속에서 나는 웃고 있었다. 꿈속에서 웃고 있는 나를 보며 미소 짓는 느낌이

운명은 사다리 타기

전혀 이상하지 않았다.

그런데 며칠이 지나니, S철학관 선생님의 풀이가 정말 정확했는지 의문이 들기 시작했다. 불안감이 다시 스며들었다. 도대체 누가 맞는 거지? 사주는 똑같은데 왜 이렇게 다르게 해석할까? 명리학이 과학적이고 통계적이라는데, 정말 그게 맞는 걸까? 혼란이 나의 몸과 마음을 휘저었다.

작은 호기심으로 배운 명리학

　사람은 누구나 앞길이 보이지 않을 때, 익숙하지 않은 방향으로 가야 할 때 막연한 불안감을 느끼기 마련이다. 나 역시 그랬다. 그저 내 인생이 어떻게 흘러갈지, 무엇을 더 준비해야 할지 알고 싶었다. 이 작은 호기심이 '명리학(命理學)'을 배우게 했다.

　하지만 명리학을 배우면서 깨달은 건, 이 학문이 단순히 길을 예측해주는 지도가 아니라는 점이다. 명리학은 오히려 나라는 사람의 본질과 내가 살아가는 세상을 깊이 들여다보게 해주는 창과 같았다. 마치 길을 찾기 위해 나침반을 들고 떠났다가, 정작 나 자신과 세상의 흐름을 들여다보게 된 셈이다.

　내 사주를 하나하나 풀어가며, 내가 어떤 성향을 가지고 어떤 흐름

　　　　　　　　　　　　　　　운명은 사다리 타기

속에 있는지 알게 되자 그동안 무심히 지나쳤던 나의 모습이 비로소 또렷이 보이기 시작했다. 그 과정 속에서 나의 선택과 그 선택을 만들어가는 나의 책임이 얼마나 중요한지도 깨달았다.

물론 앞으로도 예기치 못한 일들은 찾아올 것이다. 하지만 명리학은 그런 불확실성 속에서 중심을 잡고, 주어진 방향 속에서 내가 더 나은 길을 선택할 수 있게 해주는 힘이 되어줄 것 같다. 인생은 결국 한 사람의 성장을 위한 여정일지도 모른다. 내가 어디로 갈지는 다 알 수 없어도, 나아가야 할 방향을 조금씩 발견하며 걸어가는 그 길 자체가 삶의 의미가 아닐까 싶다.

드디어 12월 인사발령이 다가왔다. 나는 과연 본래 업무로 돌아갔을까? 진급을 했을까? 홍대 A카페가 맞았을까, 경복궁 S철학관이 맞았을까? 명리학은 정확하다. 이건 분명한 사실이다. 다만, 훌륭한 분께 가야 한다는 걸 모두가 기억했으면 좋겠다. 아무리 많은 데이터가 있어도, 해석하는 사람의 명석함이 중요하기 때문이다.

누가 맞았는지 궁금하신가? 다음에 기회가 된다면 정확히 말씀드리겠다.

2. 너무 잘하려고 하지 마

강안나

2% 부족의 가치와 여백

완벽함은 늘 추구하지만 현실에서는 완벽에 도달할 수 없다. 세상의 모든 것, 우리 삶의 모든 부분은 부족함을 가진다. 완벽한 사람도, 완벽한 사랑도, 완벽한 직업도 없다는 사실을 결국 인정하게 된다. 아무리 정밀한 기계나 인공지능이 제품을 만들어낸다 해도, 100%의 정확도를 보장하지는 못한다. 완벽함이 없는 것, 바로 이것이 우리가 살아가는 인생이다. 그리고 이 여백이야말로 우리가 삶을 살면서 필요로 하는 진짜 현실이다.

우리는 일상 속에서 뭔가 아쉬움이 있고 부족하다고 느끼는 경우 "2% 부족하다"는 말을 습관적으로 사용한다. 어떤 일이나 기대에 못 미칠 때나 일 처리가 미흡할 때 지적 반 농담 반으로 자주 언급되기도 한다. 그래서 2% 부족은 아쉬움과 서운함을 담고 있는 숫자이기도 하다. 사람들은 대체로 완벽에 가까워지려는 욕구가 강하다. 그래서 98%라는 높은 성과에도 만족하지 못하고 남은 2%를 채우기 위해 쉼 없이 질주한다. 부족함에 대한 미련과 집착이 결국 자신과 타인에 대한 불만족으로 이어지거나, 애써 이루었던 98%마저 무용지물이 될 때도 있다.

완벽을 추구하다 보면 정말 중요한 것을 놓칠 수도 있다. 어쩌면 부족함, 그 2%가 우리들의 삶에 필요한 여백이 아닐까? 우리가 필요한 것은 이러한 공간적 여백을 통해 새로운 가능성과 도전을 위한 동기를 발견하는 것이다. 특히 빠르게 변하는 현대 사회에서 이런 공간의 가치가 더욱 중요해진다. 인공지능이 인간의 한계를 넘어서는 시대에 우리는 끊임없이 경쟁하고, 높은 기준을 요구받는다. 직장에서, 학교에서, 사회에서 우리는 모든 면에서 최고를 추구하며 완벽을 강요받는다. 하지만 완벽의 요구는 우리에게 심리적 압박과 스트레스를 줄 뿐이다.

완벽하지 않음을 인정하는 것은 패배가 아니라, 인간다움을 인정하는 것이다. 인생의 여백을 받아들이는 것은 삶의 자연스러운 부분이며, 이를 통해 우리는 더 여유롭고 가치 있는 삶을 살 수 있다.

기술, 특히 인공지능(Artificial Intelligence : AI)의 급속한 발전과 함께 인간과 기계의 공존이 중요해지면서, 오히려 불완전함이 인간다움의 핵심으로 부각되고 있다. 인간다움이란 기계가 흉내 낼 수 없는 고유의 가치인 감성에서 나온다. 우리들 인생의 여백은 바로 이러한 인간미를 드러내는 공간이다. 채우지 못한 2%를 부정적으로 보지 않고, 채워져 가는 과정으로 생각해보라. 그럴 때 새로운 가능성이 열리고, 부족한 부분을 채우려는 노력이 더 큰 힘이 될 수 있다.

운명은 사다리 타기

공학도와 타로의 운명적 만남

삶의 여백을 받아들이고 이해하는 방법은 다양하다. 그중에서도 타로카드와 같은 도구는 특히 효과적일 수 있다. 타로카드는 단순한 점술이 아니라, 그림의 상징과 메시지를 통해 우리의 내면을 들여다보고 현재 상황을 이해하는 데 도움을 줄 수 있으며 최선의 선택을 할 수 있도록 돕는 휴먼 내비게이터(Human Navigator)이다.

대학부터 박사까지 컴퓨터공학을 공부하고 오랜 시간 동안 대학에서 인공지능과 ICT 융합기술에 대한 강의를 해 온 나는 10여 년 전 사주, 타로 등 관련 플랫폼을 만들어 보고 싶은 생각으로 타로를 배우게 되었다. 직관 타로의 매력에 빠져 '운명' 같다는 강한 느낌을 받고 심리상담 관련 여러 과정을 경험하게 되었다. 얼마 전 입문한 명리학을 접하면서 더공감스토어 운영 매니저를 준비하고 있다.

공학적 사고와 심리적 통찰이 만나는 지점에서, 명리나 타로는 단순한 예언의 도구가 아니라 내담자가 자신의 감정과 생각을 이해하고 성찰할 수 있도록 돕는 소통과 공감의 중요한 매개체임을 깨달았다.

나는 뼛속까지 모태 가톨릭 신자로서 타로카드라는 도구로 사람들의 고민을 상담하는 것에 대한 내면의 갈등을 느끼기도 했다. 신앙의 가르침과 타로의 상징적 해석이 충돌할 때, 이 두 가지를 어떻게 조화롭게 연결할 수 있을지 고민하게 되었다. 타로가 제공하는 통찰이 신앙의 가치와 어떻게 조화를 이룰 수 있을까? 이러한 질문은 상담자로서의 정체성을 확립하는 데 중요한 역할을 했다.

또한, 점, 사주, 무속, 별자리, 토속신앙, 종교 등 다양한 분야가 인간의 심리와 삶의 방향성을 탐구하는 데 어떻게 기여할 수 있는지를 깊이 고민하게 되었다. 예를 들어, 사주는 개인의 성향과 운명을 이해하는 데 도움을 주며, 이는 사람들에게 자신을 돌아보고 삶의 방향을 설정하는 데 유용한 통찰을 제공한다. 무속과 토속신앙은 지역사회와 문화적 배경에 뿌리를 두고 있으며, 이러한 전통적 믿음은 사람들에게 심리적 안정과 소속감을 제공하는 역할을 한다. 별자리는 개인의 성격과 관계를 이해하는 데 도움을 주며, 종교는 인간 존재의 의미와 목적을 탐구하는 중요한 수단이 된다.

운명은 사다리 타기

특히 '여사제(The High Priestess)'나 '교황(The Hierophant)' 카드는 기독교의 상징적 모습으로 인간의 본질적 성향과 지혜와 직관을 상징하며 이 카드를 통해 내담자는 자신의 잠재된 가능성을 발견하고 더 나은 방향으로 나아갈 수 있는 조언을 얻게 된다. 타로카드를 포함한 여러 도구들을 통해 얻은 경험은 더공감스토어를 운영하는 데 있어 중요한 밑거름이 될 것이다.

완벽함을 추구하기보다는 비워진 여백을 인정하고 그 안에서 성장의 기회를 찾는 것이 더 중요하다는 것을 깨달았다. 이러한 관점은 나의 삶에도 큰 변화를 가져왔다. 부족함을 인정하고 긍정적인 시선을 유지하는 것이 결국 자신을 더 발전시킬 수 있는 길임을 알게 되었다.

인간관계에서도 이러한 부족함은 중요한 역할을 한다. 사람들은 서로의 부족함을 비판하기보다는 이해하고 보완해 주는 관계를 통해 더욱 가까워진다. 친구, 가족, 동료 사이에서 부족함이 있는 그대로의 모습을 인정하고 이해할 때 건강하고 행복한 관계를 유지할 수 있다.

타로카드와 같은 도구를 통해 우리는 이러한 여백의 가치를 더 깊이 이해하고, 그것을 통해 좀 더 여유로운 삶을 살아갈 수 있다. 완벽하지 않음을 인정하는 것, 그것이 바로 우리를 더 인간답게 만드는 요소일 것이다. 나는 앞으로도 타로라는 도구를 통해 더 많은 사람들과 소통하며, 그들이 자신의 내면을 탐구하며 성장할 수 있도록 돕는 길잡이 역할을 이어갈 것이다. 또한, 공학적 지식과 심리적 통찰을 융합한 타로 상담을 통해 신앙의 가르침과 인간 심리를 연결하는 방법을 모색해서, 모두가 상생(相生)할 수 있는 기회를 만들어 가고자 한다.

운명은 사다리 타기

타로 이야기

타로의 기원은 여러 설이 있지만, 대부분 명확하지 않다. 11세기에서 13세기 사이에 유럽 일부 지역에서 단순한 게임으로 시작되었으나, 시간이 흐르면서 심리 상담과 자기 성찰의 도구로 진화해왔다. 타로 덱은 총 78장의 그림 카드로 구성되어 있으며, 22장의 메이저 아르카나와 56장의 마이너 아르카나로 나뉜다.

메이저 아르카나는 인생의 주요 주제와 큰 변화를 나타내며, 마이너 아르카나는 일상적인 사건과 감정을 반영한다. 각 타로카드 한 장 한 장에는 긍정과 부정, 그리고 인간의 삶에 담긴 희로애락(喜怒哀樂)이 스며들어 있다. 이 카드들은 삶의 불안을 새로운 가능성으로 전환하고, 희망과 치유, 변화와 도전, 성공과 성장을 위한 메시지를 전달한다. 이를 통해 우리는 부족한 자신을 비판하기보다 있는 그대로 받아들이고, 그 속에서 더 나은 자신으로 성장할 가능성을 발견할 수 있다. 타로는 우리가 완벽할 수 없음을 인정하게 하며, 그 불완전함 속에서 자기 성찰과 성장을 경험하도록 돕는다.

타로카드는 단순한 점술이나 예언 도구가 아니다. 오히려 우리 내면의 깊은 성찰을 돕고 삶의 다양한 측면을 이해하며, 궁극적으로 성장과 변화를 이끌어 내는 도구다.

타로카드 중 몇 가지 주요 카드를 살펴보면, '별(The Star)' 카드는 치유와 희망을 상징하며, 우리 인생의 긍정적인 면을 발견하고 나아갈 방향을 제시한다. '운명의 수레바퀴(The Wheel of Fortune)' 카드는 삶의 주기적 변화와 기회를 나타내며, 예측 불가능한 변화 속에서도 새로운 가능성을 찾도록 격려한다. '태양(The Sun)' 카드는 밝은 에너지와 성취감을 상징하지만, 동시에 지나친 자신감의 위험성도 경계하게 한다. '연인들(The Lovers)' 카드는 관계 속에서 상대방의 부족함을 인정하고 수용할 때 더 깊은 유대가 형성됨을 보여준다. 마지막으로 '달(The Moon)' 카드는 불안과 내면의 감정을 드러내며, 불완전함을 받아들이는 것이 진정한 자기 성장의 길임을 알려 준다.

운명은 사다리 타기

상담 사례

[사례 1] 직업적 완벽주의 극복

스타트업으로 성공한 강우식 씨는 언제나 직장에서 완성을 향한 완벽을 목표로 삼아왔다. 작은 실수도 용납하지 못하고 매번 스스로에게 높은 기준을 부여했다. 중요한 프로젝트를 맡을 때는 특히 디스트레스를 받았다. 과도한 집중과 열정이 어느새 부담으로 변해 매일매일이 긴장의 연속이었다. 우연한 기회에 상담을 받게 되었고, 첫 번째로 나온 카드는 바로 '탑(The Tower)'이었다.

예상치 못한 이 카드는 기존의 틀을 깨야 한다는 강렬한 메시지를 담고 있었다. 내담자에게 그것을 "완벽이 아니라, 조금 덜어내며 가는 것이 더 나은 길이 될 수 있다"는 의미로 해석해 주었다.

내담자는 이 카드가 전하는 뜻을 받아들이며, 자신도 모르게 쌓아올린 최고라는 목표와 완벽주의가 자신의 삶을 가두어 왔음을 깨달았다. 그동안의 삶이 주마등(走馬燈)처럼 스쳐 지나가며 여러 장면들이 오버랩(Overlap)되었다고 한다.

이어 '별(The Star)' 카드가 나왔다. 이제는 완벽주의를 내려놓고 새로운 희망을 찾아보라는 메시지를 전했다. 별은 다양한 해석이 가능하지만, 그에게는 마음의 평화를 되찾고 삶을 긍정적으로 바라보게 하는 힘을 가지라는 의미로 조언한 것이다.

그는 그동안 자신의 성과를 돌아보고 받아들이며 자신을 힘들게 했던 부분이 결국 자기 스스로였음을 깨달았다. 강우식 씨는 부족함에 대한 고정관념을 바꾸면서 자신뿐 아니라 회사 구성원들에게도 실수, 실패, 완벽이라는 프레임에 자신을 가두지 말라고 조언을 했다고 한다. 그 후 자신이 나아가야 할 방향에 공간을 늘 비워 놓고 설정하며 여유를 가지게 되었고, 그 변화는 직장 동료 및 가정생활에서도 긍정적인 영향으로 작용했으며 프로젝트의 결과도 더 좋게 나왔다고 했다.

[사례 2] 연애에서의 불완전함 수용

이진주 씨는 연애에서 늘 이상적인 상대를 찾으려 했다. 완벽한 연애를 기대했지만, 언제나 미묘한 부족함을 느끼며 상대방에게서 아쉬움을 찾곤 했다. 관계가 뜻대로 이어지지 않으면 쉽게 실망하고 불만족스러웠다.

그러다 그녀는 타로카드를 통해 연애를 다시 돌아보기로 했다. 첫 번째로 나온 카드는 '연인들(The Lovers)'이었다. 이 카드로 그녀에게 진정한 사랑이란 서로의 결점을 받아들이고 존중하는 것이라는 메시지를 주었다. 누구나 첫걸음은 한 발짝에서 시작한다. 그녀는 처음으로 상대방의 부족함을 있는 그대로 받아들이고 인정할 필요성을 느끼게 되었다.

운명은 사다리 타기

이어 나온 '달(The Moon)' 카드는 불안과 혼란을 상징하는 카드로, 완벽을 기대하며 스스로 쌓아온 불안감을 직면하게 했다. 내담자에게 자신의 내면에서 꼭 버려야 할 하나의 요소는 관계에 대한 완벽한 프레임(Frame)을 스스로 만들어 놓은 것에서 나온다. 마치 졸업이 끝이 아니라 또 다른 시작인 것처럼. 연애는 상대방에 대한 자신만의 생각으로 흘러가지 않는다. 이진주 씨는 연애 상대에 대한 기대치를 조절하고 상대방의 본연의 모습을 인정하기로 했다.

어느 날부터 서서히 변화되는 자신을 발견하고 연애에 대한 강박관념(强迫觀念)에서도 벗어나 한결 편안한 마음으로 예쁜 연애를 하고 있다.

[사례 3] 자녀 교육에서의 완벽주의 극복

박하나 씨의 자녀는 영재 소리를 들을 만큼 우수한 재능을 가지고 있다. 그러나 자녀에게 최고, 완벽을 바라는 마음이 너무 커서 자녀의 성적이 기대에 못 미치면 매번 스트레스를 받았다. 자녀에게는 칭찬보다는 아쉬움의 잔소리가 더 많아지고 자녀와의 충돌을 지나 대화의 단절이라는 상황에서 타로카드 상담을 통해 그녀는 자녀 교육에 대한 마음가짐을 재점검하게 되었다.

첫 번째로 나온 카드 '황제(The Emperor)'는 그녀에게 자녀를 위해 더 지혜롭게 지도할 필요가 있다는 메시지를 전했다. 황제 카드는 권위와 안정성을 상징했지만, 그것이 곧 자녀에게 지나친 기대를 줄 필요는 없다는 의미로 해석해 주었다. 황제의 얼굴을 자세히 보면 젊은 모습에 길고 흰 수염이 있다. 마치 나이는 젊은데 머리는 반 백발 같은 느낌이다.

다음으로 '은둔자(The Hermit)' 카드가 나왔다. 이 카드는 큰학자, 전문가가 되기 위해 긴 시간을 필요로 하는 의미를 갖고 있다. 박하나 씨에게는, 자녀가 성과에 집착하기보다 스스로 탐구하여 자신의 재능과 전공을 살려 존경받는 사회 구성원으로 성장할 수 있도록 여유를 주라는 조언이 필요했다. "엄마는 자녀가 보지 못하는 등 뒤를 비춰주는 등불이자 거울이 되어야 한다"고 덧붙였다.

세 번 정도 상담을 통해 이야기를 듣고 나누었으며, 이후 자녀와 소통의 장벽이 허물어지고, 자녀 또한 자존감과 학습에 대한 성취감이 높아져 좋은 결과로 원하는 상급학교에 진학했다.

운명은 사다리 타기

부족함의 미와 인간다움

이렇게 타로카드는 매개체를 활용해 부족함을 채워가는 과정을 새로운 시각으로 바라보도록 안내하며, 우리의 삶을 더 풍요롭고 의미 있게 만들어가는 여정을 돕는다. 완벽하지 않음을 인정하고, 여백 속에서 더 나은 방향을 찾아가며 사는 삶, 그것이 바로 타로카드가 주는 매력이다. 내담자에게 전하고자 하는 진정한 메시지이자 우리가 함께 추구해야 할 가치라면 그 의미는 바로 부족함의 미와 인간다움일 것이다.

타로카드는 어디에서도 '대박'이나 '삶의 완벽함'을 이야기하지 않는다. 대신 우리가 불완전함 속에서 중심을 잡고 스스로를 받아들이며 발전해 나가도록 돕는다. 불확실함을 두려워하지 말고 오히려 그

공백 공간 속에서 성장과 변화의 가능성을 찾으라고 말한다. 또한 서로의 부족함을 이해하고 존중하며 함께 성장해 나가기를 권한다.

　스스로 비워 놓은 공간 속에서 성장할 수 있도록 기다려 주는 것, 이것이야말로 인생 타로가 전하는 관계 회복의 진정한 의미일 것이다. 타로카드는 단지 부족함을 수용하라는 단답형 메시지가 아니라, 자신과 타인을 이해하며 함께 성장하는 강한 여정을 제안한다. 그리고 질문을 던진다.

　"당신은 이 삶 속에서 어떤 의미를 찾고자 하는가? 완벽을 위한 길을 걸을 것인가, 아니면 2% 부족함 속에서 자신과 타인에게 성장의 기회를 줄 것인가?"

3. 딸과 함께 그리는 인생

김대중

IMF 외환 위기와 실직의 기억

1997년은 나에게 영원히 잊지 못할 해로 남아 있다. 많은 국민들은 이유를 잘 모른 채 경제적 어려움으로 허리띠를 졸라매야 했고, 기업들의 파산으로 수많은 직장인은 정들었던 일터를 떠나야 했던, IMF 구제금융의 회오리가 휘몰아치자 내가 몸담고 있던 회사도 예외가 될 수 없었다. 자금조달과 운용의 어려움, 여신을 받은 기업의 경영악화와 도산으로 현금 흐름이 막혀 더 이상 버틸 수 없게 되자, 회사의 이름까지 사라지는 청산의 절차를 밟게 되었다.

국가 지도자들이 외환보유고와 재정을 충실히 관리하고, 기업의 경영자들이 무리한 투자와 비도덕적인 행위가 없었더라면, 구제금융의 아픔이 발생하지 않았을 텐데 그들이 원망스러웠다. 처음엔 당혹스

운명은 사다리 타기

러워 믿기지 않았지만, 시간이 흐르며 서글픈 현실을 담담히 받아들일 수밖에 없었다. 그 당시에는 이런 일이 너무나 흔한 모습이었기에 냉정한 현실을 조용히 인정해야만 했다.

IMF 외환 위기로 국민들의 살림살이가 매우 힘들어지자, 정부는 한시적으로 국민연금 가입자가 납입한 연금을 일시금으로 찾아 생활 자금으로 사용할 수 있도록 하는 조치를 취하기도 했다. 지금은 연금 개혁을 논의하고 있기에 상상할 수 없는 정책이지만, 그 시절엔 먹고 사는 문제를 일시적으로나마 해결하고자 하는 정부의 고뇌와 국민이 고통받으며 생활하고 있음을 단적으로 보여 주는 사례였다.

사람들은 각자의 방식으로 이 위기를 견뎠다. 일부는 자영업에 뛰어들었고, 일부는 아르바이트나 임시직으로 겨우 생계를 이어갔다. 그러나 그것조차도 쉬운 일은 아니었다. 경쟁은 치열했고, 임금은 터무니없이 낮았다. 어딜 가나 사람들은 묵묵히 고개를 숙이고 일했지만, 그들의 표정 속에는 여유라곤 찾아볼 수 없었다. 하루하루의 버거운 삶 속에서 살아남기 위한 싸움을 하고 있었다.

IMF 구제금융은 이제 역사의 한 장면으로 남아 있지만, 그 시절을 겪었던 사람들에게는 여전히 생생한 기억이다. 이유를 잘 알 수 없었던 고통과 그 속에서 버텨내야 했던 우리 모두의 처절한 삶의 이야기는 지금도 잊히지 않는다.

실직 후 1년 이상의 시간은 그야말로 막막함의 연속이었다. 새로운 일자리를 찾으려 이력서를 제출했지만, 세상은 전과 같지 않았다. 한 때 나의 경력을 높게 평가하여 일할 수 있을 것이라고 생각했던 회사들은 이제는 전혀 관심을 두지 않았다. 나와 같은 처지에 놓인 사람들이 넘쳐났고, 그들의 숫자만큼이나 일자리는 줄어들었다. 절망이 마음을 잠식해 갔지만, 한편으로는 이 어려운 시기를 견뎌야 한다는 절박함이 나를 밀어붙였다.

IMF 구제금융의 어두운 터널을 지나고, 조금씩 일상을 회복하는 시점에 나에게도 일을 할 수 있는 기회가 생겼다. 지금은 취업 포털 사이트를 통해 손쉽게 정보를 검색할 수 있지만, 당시에는 기업의 채용 공고가 주로 신문에 실렸기 때문에 신문이나 정기간행물을 열심히 찾아봐야 했다.

한 신문에서 확인한 직원 모집 공고는 증권회사였다. 증권사에서 일한 경험이 없어 지원할 수 없을 것이라는 생각을 하면서도, 혹시나 하는 심정으로 자격 요건을 자세히 읽어 보니, 다행히 다른 업종에서 근무한 경력자도 응시할 수 있다는 내용이 있었다.

좋은 기회이기에 열심히 준비해서 도전해 보자는 생각도 했지만, 직장을 구하고자 하는 사람들이 많아서 한편으로는 합격할 수 있을까 하는 걱정이 더 컸다. 하지만 다른 대안을 선택할 수도 없었고, 가장으로서 역할을 해야 한다는 책임감과 간절함이 마음을 움직이게 했다.

운명은 사다리 타기

서류를 접수하고 일주일 정도의 시간이 지나서 서류전형을 통과했으니, 2차 면접에 참석하라는 연락을 받았다. 너무나 기뻤다. 마치 최종 합격 통보를 받은 듯한 흥분과 설렘이었다. 2차 면접을 보러 회사에 방문한 나는 깜짝 놀랐다. 강당 같은 장소에 사람들이 가득 차 있었고, 앉을 자리조차 없었다. 1차 서류전형을 대부분 통과시킨 것 같았나. 나중에 인사 담당자로부터 들은 이야기지만, 수백 명의 사람이 지원했고, 1차 서류전형에서도 많은 인원을 탈락시켰다고 했다. 예상은 했지만 이렇게 지원자가 많을지는 미처 몰랐다.

갑자기 경쟁이 매우 치열할 것이라는 생각이 들며 심리적으로 위축되었다. 하지만 자신있게 면접에 임해야 한다고 다짐하면서, 증권사 경력은 없지만 증권 관련 교육 과정을 이수하고, 과거에 근무한 회사에서 담당했던 업무와 성과를 열심히 설명했다. 업종은 다르지만 증권 업무를 할 수 있는 역량이 충분하다는 것을 적극적으로 어필했다. 그런 노력 덕분인지 다행히 2차 면접도 통과했다. 마지막 3차 임원 면접만 통과하면, 그렇게 원하고 바라던 회사에서 나의 꿈을 펼칠 수 있다는 생각으로 그 누구보다도 기뻤다.

떨리는 마음으로 마지막 관문인 임원 면접에 들어갔는데, 예상치 못한 질문이 나를 당황하게 했다. 면접관은 정치인 김대중 대통령에 대해 어떻게 생각하는지 묻는 것이었다. 내 이름과 같았기에 어떤 답변을 할지 궁금했을 것이라는 느낌이 들었다. 그러나 어떻게 대답해야 할지 난감했다. 자칫 정치적인 이야기가 될 수 있기에 의미가 잘못 전달되면 좋은 결과를 얻지 못할 수도 있다는 생각에 긴장감이 더해졌다.

다른 지원자들은 일반적인 경제 이슈와 같은 비교적 명확한 답변을 할 수 있는 질문을 받은 것 같은데, 하필 나에게는 답하기 어려운 질의를 하는지 정말 답답했다. 그렇다고 다른 질문을 달라고 요청할 수도 없고, 어떤 대답을 해야 할지 고민 끝에 내 생각을 전달했다. 우리나라의 굴곡진 현대사와 그 속에서 국민과 함께 걸어왔던 역사의 산 증인 김대중의 민주화와 민족통일을 위한 노력과 헌신에 대하여 내가 가지고 있던 소신을 진심으로 이야기했다.

최종 면접을 마치고 결과를 기다리는 며칠 동안은 얼마나 긴장했는지 다른 일이 손에 잡히지 않았다. 드디어 회사로부터 연락이 왔다. 최종 합격을 했으니 건강 검진을 하고, 입사 서류를 작성해서 제출하라는 통보였다. 그 순간의 기쁨은 이루 말할 수 없었다. 면접에서 질문이 쉽지 않았고, 답변도 면접관이 기대하는 것이라고 확신할 수 없었기에 매우 불안하고 걱정이 되었다. 그러나 생각은 다를 수 있지만 답변의 진솔함이 전달되었는지, 간절히 바라던 합격이라는 행운을 안겨 주었다.

지금 와서 생각해 보면, 혹시 면접관이 정치인 김대중을 개인적으로 좋아해서 나를 합격시킨 것이 아닐까? 설마 개인적인 감정으로 합격을 결정했다고? 그건 말도 안 되는 소리라고 대부분의 사람들은 생각할 것이다. 그런데 거짓말처럼 들리겠지만, 최종 합격자 중에는 이름이 다른 정치인과 같은 김영삼이라는 입사 동기도 있었으니, 면접관이 정말로 그들을 좋아했던 것이 아닐까 하는 재미있는 상상도 해본다.

사실, 최종 합격사들이 모인 자리에서 인사부 과장은 입사 지원자에 김대중, 김영삼, 김종필이라는 이름을 가진 사람들이 있었고, 회사는 이들 모두를 합격시킬지에 대해 많은 고민을 했다고 전했다. 그리고 최종적으로 DJ와 YS 두 명만 합격시켰다는 이야기를 덧붙이며, 모든 사람들에게 큰 웃음을 준 일화를 전했다. 분명 이름 덕분에 합격한 것이 아님을 알 수 있었다.

나와 동기의 이름을 가지고 회사 전직원 워크샵에서 퀴즈 문제로 출제되기도 하고, 이름으로 인해 어디서나 주목을 받았다. 물론 다른 사람들이 나에 대한 기억을 너무도 잘해서 곤란한 경우도 있었지만, 즐거운 추억이 더 많았다. 이름 때문에 직장생활에서 좋은 일들이 많았으니, 혜택을 보았다고 솔직히 인정할 수밖에 없다.

회식문화와 나만의 원칙

감사함으로 회사 생활을 시작하면서 한 가지 어려움이 있었다. 주어진 일은 최선을 다해서 노력하고 동료들과 협업을 통해 성과를 내면 되었는데 나에게 힘든 것은 회식 자리였다. 그 당시 회사 자리는 직장 내 위계질서를 강화하고 직원을 통제하는 수단으로 때론 직급과 힘의 차이를 더 명확하게 드러내는 자리로 변질되기도 했다. 즉 상사가 회식을 하자고 하면 모든 일을 다 제쳐 놓고 자리에 함께해야 했으며, 상사의 눈치를 보며 대화를 해야 하고, 상사가 먼저 자리를 뜰 때까지 남아 있어야 했다. 그리고 술을 권하면 먹어야 하고 먹지 못하면 이상한 사람이거나 종교적 신념이 있는 사람으로 오해받았다. 또한 조직에 동화하지 못하는 직원으로 취급받기도 했다. 왜 그

럴까 하는 생각을 여러 번 해보고 내린 결론은 누군가가 만들어 놓은 잘못된 기준과 편견이 수십 년간 이어져 오고 있다는 것이었다.

나에게는 이러한 시간이 야근을 하는 것보다, 주말에 출근하여 일하는 것보다 힘들었다. 상사들은 하나같이 비슷한 생각을 가지고 행동하는지 도저히 이해할 수 없었다. 단지 윗사람의 권위를 세우기 위해 습관처럼 이어져 내려온 관습일 뿐이있다.

나는 이런 회식이 너무 싫었고, 이런 행동에 대해 올바르지 않다는 생각을 가지며 직장생활을 했다. 그래서 내가 선배가 되면 후배들에게 이런 행동을 하지 않겠다고 다짐했다. 나부터 변해야 직장의 회식문화가 조금씩이라도 변할 것이라는 신념을 가지고 있었다.

회식 자리에서 직원들에게 술을 권하지 않고, 술을 먹지 못하는 직원들은 본인 취향에 맞는 음료수를 마실 수 있도록 하면서, 직원 개인의 선택권을 존중했다. 그것이 좋지 않은 관습을 깨는 것이라고 생각하면서 실천했다. 그리고 회식은 저녁에만 하는 것이 아니라, 점심식사를 하면서도 충분히 가능하다는 것을 보여주었다.

새로운 임원이 부임하여 부서 회식을 하던 날, 이사는 직원들 한 명 한 명에게 다가가 술을 따라주면서, 본인이 지켜보는 자리에서 술잔을 비우라고 하였다. 잠시 후 내 자리로 와서도 술을 따라주었다. 나는 술이 몸에 받지 않고 마시면 너무 힘들어져 견딜 수 없다고 말하며 거절했지만, 임원은 이해할 수 없다는 표정으로 나를 바라보며 왜 술을 먹지 않는지 이야기해 보라고 했다. 나는 조금 전에도 분명히 이유를 설명했기에 다시 말을 꺼내는 것이 불편했지만, 음식을 어떤 사람은 먹을 수 없거나, 먹지 않기도 하기에 술도 마찬가지라고 하면서 그렇게 이해해 주었으면 좋겠다는 말을 건넸다. 그리고 나서 이사님은 술은 마시면서 왜 담배는 피우지 않는지 되물었다.

나의 말이 끝나자마자 이사는 마음이 상했는지, 아니면 대꾸할 필요를 느끼지 못했는지 본인의 자리로 돌아갔다. 그 시간 이후로 회식 자리에서 나에게 술을 권하는 일이 없었으며, 시간이 지나면서 이사는 감사하게도 내 생각과 행동을 이해해 주었다.

술은 단지 기호 식품일 뿐이며 모든 사람이 좋아할 수 있는 것도 아니다. 또한, 개인의 유전적 배경과 체질에 따라 알코올 분해 능력이 다를 수 있다는 점을 나는 늘 생각했다. 그래서 회식 자리를 마련할 때도 이러한 점을 염두에 두었다 나의 이러한 행동이 후배들에게 좋은 영향을 미칠 것이고, 언젠가는 잘못된 관습이 고쳐질 것이라는 확신을 갖고 있었다.

하루는 담당 임원이 팀장 회식을 갖기로 했으니, 저녁 시간을 비워 두라는 지시가 있었다. 그러나 나에게는 이미 약속이 있었고, 만나기로 한 사람에게 약속 변경을 부탁하는 것은 커다란 실례가 되기에 어떻게 해야 할 것인지 고민이 많이 되었다. 임원이 주관하는 회식 자리에 빠지는 것은 때로는 조직의 단합을 해치는 행동으로 보일 수 있고, 상사의 지시를 따르지 않는 직원으로 인식될 여지가 있었다. 그렇다고 중요한 약속이 이미 잡혀 있는데, 이를 무시하고 회식에 참석하는 것도 내게는 쉽지 않은 일이었다.

결국 불참 사유를 정중하게 설명하고 양해를 구했다. 하지만 임원의 표정은 결코 긍정적이지 않았다. "네가 뭔데?"라고 말하는 듯한 그의 표정은, 내 선택이 그의 기대에 어긋났다는 사실을 분명히 드러냈다. 순간 나는 나 자신이 조직 내에서 이질적인 존재로 여겨지는 것이 아닌지 불안감이 들었다. 나의 결정이 조직의 기준에서 벗어난 이단아처럼 보이진 않았을까, 상사와의 관계가 껄끄러워지진 않을까 하는 걱정이 머릿속을 떠나지 않았다.

하지만 다행히도 그 이후로 큰 문제는 생기지 않았다. 나는 이러한 경험을 통해 회식이라는 형식에 얽매이지 않고, 조직의 문화와 개인의 사생활을 균형 있게 조화시키는 법을 배워나가게 되었다. 회사 생활을 하며 부서장도 맡아보고 지점장 역할을 수행하면서 자연스럽게 조직 내에서 나만의 자리를 구축해갔다. 이러한 과정을 통해 나는 조직의 일원으로서 책임을 다하면서도, 개인적인 소신을 지킬 수 있는 균형 잡힌 태도가 무엇인지 스스로에게 물어보게 되었다.

어느 날 출근하자마자 사업부 담당 임원이 회의를 소집했다. 그는 우리 회사와 사업부를 소개하는 제안서에 담겨 있는 콘텐츠 등을 경쟁사와 비교해 보니, 우리의 경쟁력이 부족하여 사업자 선정에서 탈

락할 수밖에 없었다고 말했다. 그러면서 컨설팅 담당자와 영업사원을 강한 어조로 질책했다. 이러한 사실에 대해 이야기해 보라는 임원의 요청이 있었지만, 분위기가 너무나 차갑고 무거워 그 누구도 의견을 내거나 말을 하기가 쉽지 않은 상황이었다.

나는 이런 회의가 문제가 있다는 생각을 가지고 조심스럽게 이야기를 꺼냈다. 지금까지 우리 사업부에 대한 회사의 지원이 만족할 만한 수준은 아니지만, 주어진 자원을 가지고 직원들이 노력했음을 강조하며, 부족한 부분은 앞으로 직원들과 같이 고민하여 보완하겠다는 뜻을 전달했다. 또한 싸늘한 회의 분위기에서 누가 발언을 할 것이며, 여기 모여 있는 직원들은 모두 회사와 사업부의 성공을 바라고 최선을 다하고 있는데, 지금까지의 노력을 부정하는 것은 올바르지 않다고 이야기했다. 그리고 회의는 자유롭게 아이디어를 내놓고 공유하는 자리여야 한다는 점도 언급했다.

내 말이 끝나기가 무섭게 임원은 화를 내면서 전부 나가라고 고함을 쳤다. 회의실을 나가려고 하는데 나만 잠시 자리에 남아 있으라는 말이 들려왔다. 모든 직원이 나가고 회의실에는 임원과 나, 둘만 있게 되었다. 그 순간은 마음이 불편하여 가시방석에 앉아 있는 것과 같았다. 잠시 침묵이 흐르고 얼마 지나지 않아 임원은 내가 앉아 있는 자리로 와서 뜻밖의 말을 건넸다. 그는 "미안하다"며, "나에게 화를 내려던 것이 아니었다"고 하면서 손을 내밀었다. 예상하지 못한 상황이었기에 나는 얼떨결에 악수를 하며 간단히 "알겠습니다"라고 말하고는 회의실을 빠져나왔다.

자리로 돌아온 후, 나는 자연스레 회의실에서 있었던 일을 되새기게 되었다. 편안한 분위기 속에서 자유롭게 의견을 나눌 수 있었다면 얼마나 좋았을까 하는 아쉬움이 컸다. 하지만 그의 급한 성격이 담겨 있는 말투와 엄격한 질타 속에는 조직의 성공에 대한 깊은 책임감이 자리잡고 있다는 느낌이 들었다. 어쩌면 그가 내민 손은 우리가 같은 목표를 향해 나아가고 있음을 상징하는 제스처였는지도 모른다는 생각을 했다. 쓸쓸한 마음과 서운한 감정이 완전히 사라지지는 않았지만, 그 악수에 담긴 의미를 이해하며 마음 한편에 작은 위안을 얻을 수 있었다.

차장으로 승진한 지 얼마 지나지 않은 어느 날, 회식 자리에서 멀리 떨어져 앉아 있던 같은 사업부의 한 직원이 갑자기 다가와 말을 걸었다. 그동안 친하게 지내지 않았던 직원이었기에 다소 의외라고 생각했다. 그는 다소 조심스러운 표정으로 질문을 던졌다.

"김 차장님, 궁금한 게 있어요. 차장님은 상사의 회식 자리에 참석하라는 요구에 따르지 않기도 하고, 윗사람과 업무에 대한 의견이 다를 때마다 논쟁을 피하지 않던데, 어떻게 제때 승진도 하고 지금의 자리까지 올 수 있었나요? 혹시 차장님에게 누군가 힘이 되어준 사람이 있는 건 아닐까요?"

그의 목소리엔 나에 대한 호기심과 의구심이 동시에 묻어나 있었다.

나에게 힘이 될 존재는 나 이외에는 아무도 없는데, 이런 질문을 하다니 헛웃음이 나왔다. 내가 처음 회사에 다닐 때부터 다른 사람의 도움 없이, 오로지 나의 힘으로 조직에서 인정받겠다는 다짐은 나를 이끌어온 원동력이자 나의 자부심이었다. 그래서 지금까지 누구의 도움 없이 최선을 다하고, 내게 주어진 업무는 크고 작든 가리지 않고 열심히 해서 여기까지 왔는데, 뒷배경이라는 한 단어로 나의 직장생활의 노력과 성과를 폄하하는 것 같아 기분이 좋지는 않았다. 그래서 "나에게도 당신처럼 힘이 되어줄 임원이 있었으면 좋겠네요"라고 한마디 하고 싶었지만 꾹 참았다.

그런데 곰곰이 생각해 보니, 그의 질문도 이해가 됐다. 내 행동이 다른 사람에게는 그렇게 보일 수도 있겠다는 생각이 들었다. 나의 모습이 임원의 눈밖에 나게 할 수도 있고, 승진에 불리하게 작용할 수도 있다고 그 직원은 생각한 것 같았다. 아마 대부분의 직장인도 그와 비슷한 생각을 가졌을 것이다.

직장생활에서 회식은 때로는 동료들과 유대감을 쌓고, 팀워크를 다지며, 업무에서 잠시 벗어나 스트레스를 풀 수 있는 기회로 여겨진다. 함께 웃고 대화를 나누며 친밀감을 형성하는 이 과정이 조직의 화합에 긍정적인 영향을 줄 수 있다는 점도 분명하다.

하지만 나는 회식의 의미가 모든 사람에게 동일하지 않을 수도 있

운명은 사다리 타기

다고 생각했다. 각자의 업무 방식이 다르듯이, 동료들과의 관계를 맺는 방식도 다를 수 있다. 조직의 일원으로서 서로의 차이를 존중하고, 각자가 다른 방식으로 소속감을 느낄 수 있을 때 조직의 진정한 화합이 이루어진다고 믿었다. 나에게 조직의 화합이란 강요나 규범에서 비롯되는 것이 아니라, 서로의 선택을 존중하는 데서 시작된다고 생각했기 때문이었다.

나는 직장에서 함께 일하는 동료들 간의 약속을 존중하지만, 동시에 개인의 선택권 역시 중요한 가치로 여겼다. 각자가 자기만의 방식으로 팀에 기여하고 조화를 이루는 것이 조직의 힘을 키우는 데 필요하다고 생각했다. 나의 이런 믿음과 행동이 때로는 이질적으로 보일 수 있음을 알고 있었지만, 나만의 기준과 가치관을 가지고 있었기에 그렇게 처신했을 뿐이었다.

그 시절을 떠올리면, 물 흐르듯 자연스럽게 조직에 순응하며 더 쉬운 길을 택했다면 어땠을까 하는 생각이 들기도 한다. 지금은 추억으로 남아 주변 사람들에게 편안히 이야기할 수 있지만, 당시에는 내 방식으로 사는 것이 외롭고 힘든 선택이었다.

코로나 영향도 있지만 요즘 회사의 회식 문화가 변하고 있는 걸 보면서, 나의 선택과 행동이 틀리지 않았다고 느낀다. 타고난 성격과 고집대로 살 수 있었음에 감사하며, 앞으로도 내 방식대로 나만의 길을 걸어가길 바란다.

새로운 길을 찾다

26년간 매우 치열했고, 다양한 경험을 할 수 있었던 증권회사의 생활을 마무리하고자 명예퇴직을 선택했다. 구체적인 계획이 있었던 것은 아니었다. 몇 년 전 건강에 이상을 겪으며 무조건 쉬고 싶다는 생각이 컸기에 내린 결정이었다.

퇴직하고 나서야 나는 오랫동안 마음 한켠에 묵혀 두었던 평온함을 찾을 수 있었다. 직장에서의 긴 세월 동안 쌓아온 책임감으로 인한 스트레스가 더 이상 나를 억누르지 않았다. 퇴직 후 나는 좀더 자유로워졌고, 그 속에서 새로운 삶의 의미를 찾고자 했다.

자유로움은 나에게 하나의 궁금증을 던져주었다. 지금까지의 삶의 시간을 되돌아보면서, 나는 어떤 존재이며, 내가 이렇게 살아온 이유와 그 배경에는 내가 알지 못하는 무언가가 있지 않을까 하는 것이었다. 이러한 생각을 하던 중에, 우연히 친구의 소개로 명리학을 접하게 되었다.

명리학은 사람의 태어난 연월일시(年月日時)를 바탕으로 운명(運命)을 분석하고 인생의 운로(運路)를 바라보며, 그 규칙의 비밀을 풀어 예측하는 동양 철학적 학문이라고 한다. 또한 사람의 삶이 고정된 운명에 의해 좌우되기보다는, 운의 흐름을 이해하고 대비함으로써 더 나은 삶을 살아갈 수 있다고 한다. 그렇다면 내가 어떤 사람인지 알 수 있고, 운의 흐름을 파악하여 어떻게 대처하며 살아가는 것이 좋은지 배울 수 있다고 하니, 매우 신기하고 흥미롭게 다가왔다.

하늘의 기운인 천간(天干)을 보니, 나는 계수(癸水) 일간(日干)이다. 이는 여성이 계수 일간이면 용모가 아름답다고 하는데, 여자가 아니라서 너무나 아쉽다. 그리고 지혜롭고 눈치가 빠르고 자기 표현 능력이 뛰어나다고 한다. 또한 이해관계를 잘 분별하여 사람들 간의 분쟁을 조절하고, 다툼의 여지를 남기지 않는 명석함이 있다고 한다. 그러나 실질적인 것보다 명성과 유명세를 좋아한다고 한다. 즉 다른 사람을 의식하고 실속이 없다는 이야기인 듯하다. 그리고 지나친 배려와 섬세하고 까다로운 성격은 우울증 등 정신적 질병이 염려된다고 한다.

또한 사주를 간명(看命)하는 핵심적 주체인 격국(格局 : 인간 됨됨이, 인격, 재물, 사회성 등 다양한 뜻을 함축)을 보니, 편인격(偏印格)이다. 장점은 어느 분야의 전문적인 연구나 전문가로서 역할에 능하며, 논리적이고 이론적인 것을 좋아한다고 한다. 또한 두뇌 회전이 빠르고, 기획력이 뛰어나며 학문과 예술에도 능하다고 한다. 하지만 편인의 성향이 강왕하면 임기응변에 능한 모략가, 잔머리, 잔소리꾼이며, 변덕스럽고 쉽게 싫증을 낼 수 있다고도 한다.

이는 나의 짧은 배움을 바탕으로 한, 매우 기초적인 수준의 풀이이며, 일반적인 설명이기에 나와는 다른 부분이 있음이 분명하다. 하지만 '나는 어디서 왔고, 나는 누구이며, 나는 어디로 가고 있는가?'라는 철학적 물음에 대해 작은 해답을 찾을 수 있어서 매우 유익한 배움이었다.

운명은 사다리 타기

딸과 함께 그리는 두 번째 인생

집에서 쉬고 있던 어느 날, 작가의 길을 걸어가고 있는 딸의 유화 작업을 지켜보다가 문득 초등학교 시절에 그림을 그리던 내 모습이 떠올랐다. 지금은 상상할 수 없는 주제지만, 반공 포스터를 그려 제출하라는 선생님의 말씀에 하얀 도화지에 연필로 구도를 잡아 스케치를 하고, 크레파스로 색칠했던 그림들이 또렷하게 기억났다. 이유는 알 수 없지만, 나도 그림을 그려볼까 하는 생각이 들었다. 그리고 "하고 싶거나 재미있어 보이는 것을 찾아 시도해 보면 좋을 것 같다"는 의사 선생님의 말씀도 떠올랐다.

딸의 도움을 받으면 잘할 수 있을 것이라는 생각으로 시작한 그림 작업은 초보자 수준에서 크게 벗어나지 못했지만, 마음속 감정을 캔

버스에 표현하는 과정에서 심리적 안정을 찾고 치유받고 있음을 느꼈다. 그래서 몇 달간 그림에 깊이 빠져들며 즐겁게 지냈다.

그러나 여러 작품을 그리면 그릴수록 아쉽게도 작가로서는 많이 부족하다는 것을 솔직히 인정할 수밖에 없었다. 왜냐하면 작가로 활동하고 있는 딸을 옆에서 지켜보니, 작가는 타고난 재능이 있어야 한다는 것을 깨닫게 되었다. 그럼에도 불구하고 즐겁게 시작한 일을 멈추고 싶지는 않았다.

자신감만 충만하여 겁도 없이 딸과 함께 부녀 전시회를 열겠다고 가족과 지인들에게 작품 사진을 보여주며 자랑스럽게 말하고, 작품 전시가 가능한 갤러리를 알아보기도 했다. 지금 생각해 보면 쑥스럽기도 하고 웃음이 나오지만, 그 시도 자체가 소중한 기억으로 남아 있다.

이러한 생각에서 나에게 자연스럽게 다가온 것은 다름 아닌 딸의 꿈과 열정이었다. 내 딸은 어릴 적부터 남다른 예술적 감각을 지녔다. 그녀의 손끝에서 피어나는 색과 그림들은 단순한 작품을 넘어, 그녀의 내면세계와 삶 그리고 동물을 통해 세상에 대한 이야기를 담고 있다. 그런 딸이 어린 나이에 작가의 길을 걷겠다고 했을 때, 나는 아버지로서 걱정이 되었다. 예술가의 길이란 불확실성이 많고, 성공의 문턱은 높은 직업으로 생각되었으며, 건강이 가장 염려되었다. 그러나 딸의 의지와 눈빛은 단호했고, 그녀는 주저 없이 그 길을 선택했

운명은 사다리 타기

다. 이제 와서 돌아보면, 그녀의 그 단호함이야말로 내가 퇴직 후 그녀의 삶에 자연스럽게 같이할 수 있었던 이유가 되지 않았나 싶다.

　나는 딸의 작업에 조금이나마 도움이 되고자 매니저의 역할을 자처했다. 다행히도 딸은 나의 제안에 흔쾌히 동의했다. 이 새로운 역할은 나에게 신선한 도전이었다. 과거의 직장생활에서는 한 번도 경험해보지 못했던 감성적인 세계에 발을 들여놓는 것이었기 때문이었다. 처음엔 서툴렀지만, 딸의 작품을 바라보며 그녀가 어떤 메시지를 전하고 싶어 하는지 이해하려고 노력했다. 딸의 작업을 도우며, 나는 그녀가 전하고자 하는 예술의 의미와 그 깊이에 조금씩 다가갈 수 있었다.

　딸의 작품은 감사하게도 시간이 지나면서 많은 사람들의 주목을 받기 시작했다. 자연스럽게 여러 갤러리에서 개인전 및 페어 전시회 제안이 들어왔고, 나는 딸의 매니서로서 갤러리에 함께 방문하여 미팅을 하고, 일정도 체크하면서 전시 기획과 준비 과정에 참여하게 되었다. 전시회를 준비하면서 많은 사람들을 만났고, 작품에 대한 이해를 돕기 위해 전시 해설가로 나서기도 했다. 전시회가 열리는 동안, 나는 관람객들에게 딸의 작품이 담고 있는 이야기와 그녀의 작업 과정, 그리고 작품이 탄생하게 된 배경 등을 설명했다. 이 과정에서 나는 새로운 기쁨을 발견했다. 딸의 작품을 설명하며, 나는 그녀의 생각과 감정, 그리고 그녀가 세상에 전하고자 하는 메시지를 다른 사람들에게 전달하는 일이 얼마나 소중한지 깨닫게 되었다. 단순히 작품을 해설하는 것을 넘어, 딸의 작품을 통해 사람들과 소통하고 울림을 주며, 그들과 공감대를 형성하는 경험은 나에게 크나큰 보람과 재미를 안겨 주었다. 딸이 캔버스에 담아낸 그녀의 세상을 보다 깊이 이해하고 감상할 수 있도록 도와주며, 관객에게 작품은 작가가 가지고 있는 생각을 이해하는 것이 전부가 아니라, 관람자 스스로 느끼고 바라보는 자기만의 눈을 갖는 것도 필요함을 전달해 주는 것이 너무나도 멋진 일이라고 생각했다.

하나의 전시회가 끝나면, 나는 딸과 함께 다음 개인전과 페어를 준비한다. 때론 그녀와 함께 작품의 주제와 전시회 구상을 논의하고, 새로운 아이디어를 제안하기도 한다. 물론 생각의 차이로 종종 의견 충돌이 있기도 하지만, 예술가로서의 딸의 세계관과 창작적 목표가 뚜렷하고 신념이 강하다는 것을 알고 있기에, 작가의 고유한 생각과 감각을 존중하는 것이 가장 중요하다는 것을 잊지 않고 있다. 나는 딸의 작품에 내가 가진 경험의 일부를 더해주는 조그마한 역할을 하면서, 그녀의 자유로운 생각과 창작 활동에 방해가 되지 않도록 노력한다. 그런 점에서 나는 딸과의 협업이 매우 조심스러운 과정임을 느꼈고, 그것이 오히려 나의 역할에 대한 책임감을 더 크게 만들었다.

딸과 함께하는 시간 속에서 나는 삶의 속도를 조절할 수 있는 여유를 찾았고, 그 여유 속에서 이전에는 미처 깨닫지 못했던 새로운 삶

운명은 사다리 타기

의 기쁨을 발견했다. 내가 그녀의 매니저로서, 전시 해설가로서 활동하면서 얻은 것은 단순히 보람을 넘어, 내 삶의 새로운 장을 열어가는 과정이다. 딸이 자신의 꿈을 이루어가는 모습을 지켜보며 응원하는 것, 그리고 그 과정에 내가 작은 힘이라도 보탤 수 있다는 사실은 나에게 더할 나위 없는 즐거움을 가져다 준다.

이제 나는 딸의 창작 활동에 도움이 될 수 있는 일들을 찾아 나서고, 함께 머리를 맞대며 아이디어를 나누는 것들이 나의 일상이 되었다. 딸의 예술 활동과 함께하며, 나는 또 다른 나의 두 번째 인생을 살아가고 있다.

4. 어른의 꿈

설지혜

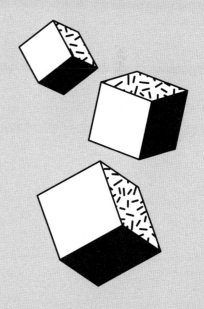

나이듦에 대하여

나는 1980년생으로, 대학교 학번으로는 99학번이다. 80년대생과 90년대 학번의 교집합이라는 절묘함은 나의 자랑이기도 했다. 젊음을 어필할 필요가 있는 자리에서는 80년대생이라는 점을, 선배들에게 익숙한 전통에 동화되고 싶을 때에는 90년대 학번이라는 점을 강조하며 자기 어필을 했던 것 같다.

그러거나 말거나 세월은 흘러, 이제는 이리 보고 저리 봐도 완연한 40대 중반이 되었다. 개인적으로 나는 새로운 법정 나이의 도입을 찬성하지 않았다. 새로운 법정 나이의 도입이 나의 사회적 관계에 아무런 영향을 미치지 않고, 신체적인 노화를 막아주지도 않을 뿐더러, 나이 할인의 효과는 도입 첫해가 지나면 사라지는 데에 반해, 외국인들과 대화하면서 한국적인 나이 관념에 대해 스몰토크를 할 수 있는 기회를 잃게 되는 것은 오히려 부수적이다.

나는 한국식 나이 계산의 가장 큰 장점은 나이듦에 대한 일종의 예방접종이었다고 생각한다. 농담이기는 하지만, "만으로는 아직…"이라는 말로 스스로 위안을 삼으며 다가오는 나이에 적응할 시간을 벌 수 있었던 점이 상당히 유효했다고 여긴다. 하지만 이제는 그런 기회를 잃게 된 것이 개인적으로는 조금 아쉽다.

나이에 대한 이야기가 조금 길어졌는데, 이는 이 책의 토대가 된 글들이 내가 한국 나이로 40세가 되었던 2019년에 작성된 것이기 때문이다. 내 직업은 변호사인데, 법조계에서 상당한 인지도를 갖고 있는 법률신문에서 '목요일언'이라는 코너에 칼럼을 게재해 달라는 요청을 받아 6개월 동안 한 달에 한 번씩 칼럼을 게재한 적이 있다.

조금 더 시간이 흐르면 귀여워 보일 수도 있을 마흔이라는 나이가 그 당시에는 내게 매우 의미심장하게 다가왔다. 돌이켜 생각해 보면, 2019년은 개인적으로 매우 힘든 일이 많았던 시기였다. 그래서였는지 당시 작성했던 칼럼의 내용을 관통하는 주제는 "나이듦"이었다. 어떻게 하면 성숙한 어른으로 잘살 수 있을지를 본격적으로 고민했던 시기였던 것 같다.

신기하게도 당시 썼던 칼럼들에 대해 많은 반응이 있어서, 영광스럽게도 서울중앙지방법원 조정센터 조정위원들의 오찬 모임에 연사로 초청되기도 했었다. 하지만 당시에는 그런 고민들이 미처 여물지 않았던 때라 칼럼에 썼던 내용 이상으로 나아가지 못해 스스로도 아쉬움이 많이 남았다.

그로부터 5년이 지난 2024년 초, 나는 지인의 소개로 "리더들을 위한 명리 강의"라는 과정에 등록하여 황충연 선생님의 강의를 통해 명리학의 세계에 입문하게 되었고, 같은 강의를 수강했던 이 책의 공동 저자들을 만나게 되었다.

너 자신을 알라

명리학이라니. 불과 몇 년 전까지만 해도 사주라는 것은 나와 전혀 관계없는 잡설이라고 생각했다. 아니, 사실은 그것이 무엇인지 정확히 모르고, 단순히 영험한 개인의 능력에 의존하는 행위라고만 생각했기 때문에, 그다지 열심인 편은 아니었지만 모태신앙인 천주교 신자로서 그러한 사주 상담을 받는 것은 막연히 해서는 안 될 일이라고 생각했던 것 같다. 하지만 그건 어느 정도 나이가 들 때까지 내 인생에서 진정한 위기라고 부를 만한 순간이 없었기 때문에, 인생의 앞날에 대해 누군가의 말에 의존하면서까지 위안이나 희망을 얻을 필요를 느끼지 못했기 때문이기도 했다.

무엇이든 열심히 하면 불가능한 일은 없다고 믿으며 살아왔지만,

삼십 대를 지나면서 뭔가 삐그덕거리기 시작했다. 어릴 때와 달리 어느 정도 나이가 들자 혼자만의 힘으로 이룰 수 있는 일이 별로 없음을 깨달았다. 그리고 주변 환경이 예전과 달리 나에게 우호적이지 않다고 느껴지면서, 피부로 와닿는 현실적이고 즉각적인 조언을 구하게 되는 것은 자연스러운 일이었다.

그렇게 몇 차례 받은 사주 상담은 관련 지식이 전혀 없었던 관계로, 상담자에 대한 경계심으로 무장한 채 "어디 얼마나 맞추나 보자"는 마음으로 임하곤 했다. 그런 와중에도 상담 내용 중 공감이 가는 말도 있었고, 아닌 것 같은 말들도 있었다. 하지만 신기한 점은, 나에 대해 공통적으로 언급하는 내용들이 존재했다는 것이었다.

그렇다면 이는 백지 상태에서 내용을 떠올리는 개인적인 능력이 아니라, 존재하는 내용을 해설하거나 풀이하는 일일 것이다. 그렇다면 그 존재하는 내용에 대해 나도 어느 정도 이해하면, 막연한 신비감은 걷어내고 상담 내용을 이해하고 받아들이는 데 더 도움이 되지 않을까 하는 생각이 들었던 터였다. 그런 시기에 명리학 강의를 접하게 되다니, 시기가 참 절묘했다.

불과 3개월 여의 강의를 들었을 뿐이니, 명리학에 대해 구경을 했다는 표현이 적절할 테다. 그러나 내가 접한 명리학은 인간의 운명(運命)의 이치에 관한 학문이었다. 인간이 자연의 일부라는 기본 사상 아래, 자연의 섭리인 음양오행의 이치를 인간의 탄생과 삶에 녹여 체계를 정립하였다는 점에서, 그 심오한 원리에 경탄하지 않을 수 없었다.

명리학의 근간이 되는 사주(四柱)는 사람이 태어난 연월일시를 네 개의 기둥으로 보고, 각 기둥을 하늘의 기운과 땅의 뜻이라는 의미를 지닌 천간(天干)과 지지(地支) 두 글자로 구성한다. 이것이 바로 팔자(八字)의 완성이다. 결국 사주팔자란 한 인간이 태어난 순간의 우주의 기운을 담고 있는 셈이다. 이렇게 모든 개인에게 천성으로 주어진 명(命)과 앞으로의 인생에서 겪게 될 항로가 운(運)으로써 부여된다는 것이 대략적인 명리학의 기본 개념이다.

이렇게 어느 정도 원리를 이해한 후 나의 사주를 들여다보니, 내가 어떤 사람인지 조금은 보이는 것 같았다. 대학 시절, 후배와 "나는 이런 사람이야"라고 자신을 규정짓는 것이 결국 스스로에 대한 단념이나 한계로 느껴질까 봐, 굳이 나 자신을 분석하려고 하지 않는다는 대화를 한 적이 있었다.

시간이 갈수록 나 자신에 대해 정확히 아는 것이 인생을 설계하는 데 무엇보다 절실하다는 것을 깨닫게 되었지만, 생각보다 나 스스로에 대해 객관적으로 정확히 아는 일은 쉽지 않았고, 그저 되는 대로 상황에 대처하기 바빴다. 그런 점에서 명리학 공부는 나를 성찰하는 도구로도 좋은 역할을 할 수 있을 것 같았다.

아직 배움이 너무 짧아 운의 흐름을 읽거나 앞날을 예측하는 것은 요원하지만, 내가 어떤 사람인지, 또 언제 행복과 만족감을 느끼는지에 대한 단서를 얻은 것만으로도 마음이 한결 든든했다. 나라는 사람은 동일하지만, 나 자신에 대해 조금 더 성찰한 지금이라면, 2019년에 작성했던 칼럼에서 던졌던 질문들에 대해 조금은 발전된 결론을 내릴 수 있지 않을까 싶다.

운명은 사다리 타기

말과 선거

나는 로스쿨이 도입되기 전의 사법고시 세대로, 많은 법조인들이 그러하듯 법과대학을 졸업했다. 그리고 많은 법대생들이 그러하듯 학회 활동에 참여하며 학우들과 친교를 나누고 사회과학에 대해 논의했다.

그런 경험 덕분인지, 90년대 중반부터 학생운동은 저물어갔지만 나는 여전히 학교 내 학생회 활동이나 대외적인 정치적 활동에 열심인 사람들과 교류할 기회가 많았다. 신입생 시절에는 나름 관심을 가지고 적극적으로 참여했지만 어느 순간부터 회의감이 들었는데, 아마도 정치적 수사와 구호가 난무하는 '말의 잔치'에 휩쓸리면서 자칫 중심을 잃고, 객관적으로 현실을 바라볼 능력이나 입지를 상실할 수 있다는 데에 두려움을 느꼈던 것 같다. 어떤 지위나 상황 때문에 했던 나의 말들이 나중에 족쇄로 돌아올 수 있다는 점에 대해 참 이른 나이부터 걱정을 했던 것 같다.

그래서 어느 순간부터 사회 현상이나 정치적 사안에 대해 말을 아끼게 되었고, 대신 공부에 매진했다. 법조인이 되어 현실 속에서 실력을 쌓아 나만의 주관을 가지겠다는 다짐을 했고, 실제로 그렇게 했다.

그런데 문제가 있었다. 말을 아끼다 보니, 생각도 줄어들있다는 점이다. 입을 닫으니 머릿속 사고까지 함께 멈춘 것 같았다. 나의 경우는 물론 자발적인 선택이었지만, 민주주의 사회에서 표현의 자유가 사회를 성숙시키는 데 얼마나 중요한지 새삼 깨달았다.

생각해 보면, 사람이 초지일관 똑같은 생각만을 가진다는 것은 자연스럽지 않을 수도 있다. 생각과 의견이 생겨나고 변화하는 데는 그만한 맥락과 설득력이 있을 것이다. 그렇다면 본인의 목소리를 내는 데 좀 더 자신감을 가져도 되지 않을까 싶다.

요즈음 변호사 사회는 선거철이다 보니, 사무실로 인사를 오는 후보들을 접할 기회도 생기고, 그분들로부터 받은 유인물도 읽어보게 된다. 변호사 사회의 발전을 위한 합리적이고 꼭 필요한 공약도 있지만, 일부는 정치적 세력에 기반한 구호처럼 보이는 내용도 발견된다.

하지만 내용이 어떻든, 자신의 생각과 주장을 내세우며 선거에 나서고 대중의 지지를 호소하는 모든 후보들의 용기에 우선 찬사와 격려를 보내고 싶다. 생각을 말로 표현하는 데에서 결국 모든 것이 시작되기 때문이다.

　위의 칼럼은 2019년 1월 변호사협회장 선거운동 기간에 쓴 글이다. 비단 변호사단체 선거에만 적용되는 내용은 아니겠지만, 시간이 어느 정도 흐른 지금에도 여전히 유효한 자기 성찰이자 어려운 문제이다.

　내가 느끼기에 사회는 점점 극단적으로 양분되어 가고, 사람들은 일상 속에서 자신의 생각을 말로 표현하는 것을 점점 더 꺼린다. 표출되지 않은 채 속에서 자가 발전된 생각이 더 위험한 것은 아닌지 걱정하다가도, 말을 꺼냈을 때 느껴지는 불편한 공기는 쉽사리 감당하기 어려운 게 현실이다.

　게다가 나는 사주에 금(金)이자 관(官) 성분이 많은 사람이라, 고집이 세고 완고한 면이 있는 데다 나 자신의 도덕관념을 다른 사람에게도 엄격히 적용하려는 경향이 있다. 말이 많지는 않지만, 막상 말을 시작하면 과격해지기 쉬운 경향도 있어, 상황이 지나고 나면 후회하는 일이 종종 생긴다.

　결국, 말을 하더라도 유연성을 가지고 톤과 매너를 정제하려는 노력이 필요하다. 그런 점에서 이 책을 쓴다는 것은 내게 행운이다. 내 생각을 말할 기회를 가지면서도, 충분히 퇴고하고 점검할 기회를 가질 수 있으니 말이다.

시작하는 법조인들을 위하여

3월이다. 새해의 시작은 분명 1월이지만, 오랜 학창 시절의 습관 탓인지 매년 1, 2월은 유예기간일 뿐, 모든 새로운 일은 결국 3월에 시작되는 것처럼 느껴진다. 몇 년 전부터 로스쿨 제도가 도입되면서 신입 변호사들의 입사 시기도 2월에서 3월로 바뀌었는데, 그것마저도 새롭지 않고 늘상 그러했던 것 같다. 최근 입사한 신입 변호사들을 보면서 몇 가지 해주고 싶은 이야기가 떠올랐다.

많은 새내기 법조인들은 각자의 경로로 현재의 진로를 선택했겠지만, 진로를 선택한 이상 자신이 하게 될 일에 대해 큰 꿈과 포부를 가지고 있을 것이다. 드라마나 영화에 등장하는 판사나 검사, 변호사들의 공명심과 정의감, 또는 절대 악과 싸우는 정의로운 모습, 고급스러

운명은 사다리 타기

운 생활을 상상하며 자신의 미래도 그러할 것이라고 기대했을 수도 있다.

법조인들의 실제가 반드시 그렇다고 말하기도 어렵지만, 그런 멋진 모습을 꿈꾸며 시작한 법조인의 생활은 때로 기대와 많이 다를 수 있다. 무슨 일이든 그렇듯, 새로 시작하는 사람에게 주어지는 일들은 시간과 노력에 비해 보람을 느끼기 힘든 허드렛일이 대부분이기 때문이다. 하지만 그런 경험 하나하나가 모여, 스스로를 더 많은 분야에서 더 많은 경험을 가진 법조인으로 만들어 준다는 사실을 기억했으면 한다.

또한, 지금 내가 하는 일이 그다지 멋지지 않고, 나의 일천한 경력이 초라하게 느껴진다고 하더라도, 자신이 이미 허가받은(Licensed) 법조인이라는 사실을 잊지 않았으면 한다. 상황에 따라 필요하다면 계급장을 떼고 누구와도 맞짱을 뜰 수 있는 자신감은 내 직업을 정의하는 정체성이기도 하기 때문이다. 하지만 그런 자신감과 자긍심은 어디까지나 자신의 자격에 부끄럽지 않도록, 끊임없이 공부하고 노력하며 확보한 지식에서만 나올 수 있다는 점 또한 가슴에 새겨야 한다.

위의 칼럼은 2019년 3월, 신입 변호사들을 보며 그들에게 전하고 싶었던 말을 담은 글이지만, 사실 '법조인'이라는 타이틀을 '새내기 직장인'으로 바꾼다면, 어느 직종에도 적용할 수 있는 이야기일 것이다.

자신의 현재를 미래의 자양분으로 바꾸는 것은 결국 스스로의 마음가짐과 자세에 달려 있고, 이것은 내가 지금도 스스로에게 잊지 않으려 되뇌는 말이기도 하다.

사주에서 개인의 성격을 가장 강하게 상징하는 글자는 일주(日柱) 중 위에 있는 글자, 즉 일간(日干)이다. 내 사주의 일간은 목(木)의 기운을 가지고 있는데, 명리학 이론에 따르면 일간이 목의 기운을 가진 사람은 인(仁)의 덕목을 지닌다고 한다. 그래서인지 나는 유난히 다른 사람들에게 관심이 많고 사람들과의 소통을 통해 그들을 이해하는 것을 중요하게 여긴다.

코로나 시기를 지나며 사람들이 서로에 대하여 유지하고자 하는 거리 감각이 예전보다 현저하게 늘어났다. 예진에는 부대끼며 사는 것을 당연하게 여겼다면, 이제는 멀찍이 거리를 두고 자기만의 영역을 유지하는 것을 훨씬 중요하게 생각하는 시대가 된 것이다.

이는 장단점이 뚜렷한 현상이지만, 나처럼 연결과 소통을 중시하는 사람의 관점에서 본다면 정말로 외로운 시대라고 하지 않을 수 없다. 누군가가 바로 옆에 있더라도 다가가 마음을 열고 의지하려면 상대방이 유지하고자 하는 거리를 침입하는 것으로 느껴져, 예전보다 훨씬 큰 용기가 필요하기 때문이다. 과거에는 일상이었던 회식 문화도 사라지고, 선배가 후배의 일상을 살피고 챙기는 것조차 오히려 금기시되는 상황이다. 그렇다면 요즘 사람들은 누구에게 자신의 고민을 말하고 의지할까 싶다.

그런저런 걱정 탓에 누군가에게 해주고 싶은 말을 직접 전하지 못한 채 이 글을 쓰게 되었는지도 모르겠다. 그런 걱정이 '꼰대력'으로 발동해 상대방에게 오지랖을 펼치지 않도록 조심해야겠지만, 지금 현재에도 '핵개인화'라는 용어가 등장할 정도로 시대의 외로움은 더욱 가속화되고 있다. 그러니 나의 우려가 괜한 것만은 아닐 테다.

스스로가 위태롭다고 느끼는 누군가에게 이 글이 도움이 되는 말이었기를, 그리고 외로움을 느끼는 누군가가 벽을 깨고 곁에 있는 사람들에게 다가갈 수 있는 용기와 긍정적인 마음을 갖게 되길 꿈꾼다.

어른의 꿈

　법조인이 되기 전까지 많은 사람들은 시험이라는 중장기적인 목표를 가지고 이것을 달성하기 위해서 많은 유혹을 참고 견디며 학업에 매진했을 것이다. 필자도 마찬가지였는데, 이런 인고의 생활들이 힘들기도 했지만 함께 하는 주변의 친구들과 서로 위로하며 그 시절들을 이겨냈던 것 같다. 그리고 맞게 된 합격이라는 달콤한 열매는 그동안의 고생을 잊게 해주는 충분한 보상이 되었다. 그때는 목표가 너무나 선명해서, 내가 가는 길이나 생활에 대해 고민할 여지가 별로 없었고, 그 또렷한 목표를 위해서라면 나 스스로는 물론 주변인들의 희생도 얼마든지 정당화되었던 것 같다. 지금 똑같이 학업에 매진하며 시험을 앞두고 있는 사람들에게는 미안한 말이지만, 사실 필자는 그 시절이 행복했다는 생각을 종종 하곤 한다.

막상 변호사가 되고 나니, 배우고 익혀야 할 것은 너무나 많지만 장기적으로 달려가야 할 목표가 없다는 사실을 느끼는 순간 어색하고 당황스러운 기분이 들었던 것 같다. 매일매일 숨가쁘게 바쁜 생활을 하더라도 그것이 어떤 꿈을 이루기 위해 거쳐야 하는 과정이라는 사실을 스스로 인지할 수 있다면 견디는 것이 수월할 텐데, 그 꿈이 무엇인지 알 수 없다고 생각한 순간 길을 잃은 느낌이었다.

부끄럽게도 그러다 몇 해가 지나서야 어렴풋이 깨닫게 되었던 것 같다. 그 전과 다르게, 이제부터 필요한 것은 '어른의 꿈'이라는 것을. 어른의 꿈이란 결국 스스로 설정해 나가야 하는 것이고, 그 기준을 무엇으로 삼을 것인지는 자신이 살아온 경험과 가치관에 의해 달라지게 된다. 하지만 필자는 너무 좁은 영역의 삶을 살아온 나머지 우물 안만을 바라보며 매너리즘에 빠지는 경험을 종종 했던 것 같다. 그런 의미에서 가급적 자신과 다른 분야에 종사하는 사람들과 자주 어울리며 새로운 영감을 얻고 내 직업의 가치를 되새기는 일은 무척 중요한 것 같다.

위의 칼럼은 법률신문에 게재한 글 중에서도 공감을 많이 받은 글이다. 많은 사람들이 나와 같은 감정을 공유한다는 사실에 위안을 느꼈다. 이 글 역시 '시험'을 자신이 중요하게 생각했던 성취나 도전으로 바꾼다면 누구나 공감할 수 있는 내용일 것이다.

돌이켜보면, 사법고시에 합격하기 위하여 노력하는 것은 법조인의 직업을 갖기 위한 필수 과정에 불과하여 별다른 진지한 고민이 필요하지 않았다. 그 목표에 중요성이 부여되는 것은 합격 후의 삶이 순탄할 것이라는 막연한 주위의 기대였다. 하지만 본격적으로 나라는 사람이 세상 속에서 의미 있는 역할을 하게 된 것은 정작 나 혼자 해결할 수 있는 미션이 종료된 후 다른 사람들과 뒤섞여 살아갈 수밖에 없었던 순간부터였다.

한국 나이로 마흔이 되었을 때, 나는 인생이 무척이나 길다는 사실을 절감했다. 스물여덟에 직장 생활을 시작해 앞만 보고 달려 기진맥진했는데, 앞으로도 일할 날이 20년도 훨씬 넘게 남아 있다니! 그때까지 나를 달리게 했던 동력이 주로 누군가에게 인정받고자 하는 욕망이었다고 한다면, 어느 순간부터 누군가의 잣대에 나를 맞추고자 스스로를 괴롭히는 데 피로감이 들었다. 같은 기준으로만 세상을 바라보면 그에 어긋나는 순간 자존감이 떨어지는 일이 반복되지만, 나 스스로 그러한 결론에 동의하기도 어려웠다.

이 지점에서 나 스스로에 대한 관찰이 필요했다. 나는 어떨 때 가장 행복한가?

나는 혼자서 많은 성취를 이루어 돈을 많이 벌고 외부로부터 인정을 받는 것보다 타인과 연결되어 서로에게 의지가 되는 삶을 꿈꾼다.

운명은 사다리 타기

여성 변호사가 살아남기 힘든 로펌에서 후배들이 실천 가능하다고 느끼는 롤 모델이 되고 싶고, 다양한 사건을 수임해서 주변 동료들과 기회와 경험을 공유하고 싶고, 일상적인 소통을 할 수 있는 친밀한 의지처가 되고 싶다. 나와 내 가족뿐만 아니라 주변 사람들이 그렇게 하여 물질적으로나 정신적으로 좀 더 풍요로워진다면 스스로 자신의 삶에 보람을 느끼고 행복감을 가질 것 같다.

그래서 새롭게 나에게 동력이 되는 모토를 꼽아보라고 한다면, '나에게 소중한 사람들에게 도움이 될 수 있는 존재가 되는 것'이 아닐까 싶다. 그런 목표를 위해 달려야 한다면, 그렇게 할 것이다. 결과적으로 상황은 같더라도, 그 상황을 받아들이는 나의 마음은 완전히 다른 것이니 조금은 더 어른스럽다고 할 수 있지 않을까.

하지만 어른이 된다는 것은 긍정적인 상황만을 전제로 하지는 않는다. 불편한 관계에서 어떻게 성숙하게 대처할 것인가는 전혀 다른 차원의 문제이다.

무례한 사람 상대하기

  나이가 들고 연차가 높아지고, 자신이 속한 조직에서의 직급이 올라가는 것은 즐거운 일만은 아니다. 여러 가지 이유가 있지만, 점점 더 이해관계가 대립하는 상황 속에 놓여지는 경우가 잦다는 게 가장 큰 이유인 것 같다. 특히 변호사들은 의뢰인과의 관계에서도 더 크고 중요한 사건을 맡을 가능성이 높고, 그런 만큼 예민함의 정도 또한 높아지기 때문에 긴장을 늦추기 어려운 순간들이 지속되곤 한다. 물론 예민한 상황에서 언제나 그러한 일이 발생하는 것은 아니지만, 그런 상황에서 자신의 이해관계를 먼저 생각하다 보면 상대방에게 무례를 범하는 일도 자주 생기게 된다. 상식 밖의 무례한 행동을 마주했을 때, 어떻게 하면 내 자신을 보호하고 잘 대처할 수 있을지에 대해 몇 주간 생각하다 글로 옮겨 본다.

예전에는 억울하고 속상한 일을 겪고 나면 항상 그 상황에서 내가 미처 하지 못한 말들을 곱씹으며 분을 삭이거나 곱씹은 말을 어떤 기회에 상대방에게 되돌려줄 것인지 궁리하곤 했던 것 같다. 하지만 그 시절에는 대부분 개인적인 관계에서 비롯된 일들이 이슈였기 때문에, 지금에 와서 그런 행동들을 반복하는 것은 현명하지 못하다.

어찌 보면 뻔한 말일 수도 있지만, 무례한 상대방에게 최선을 다해 대화를 시도하는 게 결국은 답이 아닐까 생각한다. 어디서부터 무엇이 잘못된 것인지를 확인하고, 상호 간에 오해를 풀게 되면 '무례'라는 현상은 자연스럽게 해결될 수 있다. 대화를 시도하더라도 상대방이 거부하는 경우라면, 적어도 나는 대화를 시도함으로써 도덕적으로는 우위를 확보할 수 있다. 상대방이 나라는 사람보다 이해관계를 택한다면, 나의 상실이 그에게 별다른 타격을 주지 않은 점에 대해 스스로 반성할 일이다. 그리고 앞으로 나아가면 된다. 이제는 제안을 거절당하는 데에서 느끼는 무안함보다 사람을 잃는 것이 더 무섭다는 것을 느끼고, 그리고 느껴야 할 나이가 된 것이다.

이 글을 쓴 이후로 5년간 내가 한 말을 스스로 실천했는지 자문해 본다. 솔직히 말하자면, 그렇지 못했다고밖에 할 수 없다. 오히려 더 많은 경험을 한 지금에 와서 생각해 보니, 예전의 나는 '노력하면 사람의 마음을 얻을 수 있다'는 순진한 믿음을 가졌던 것이 아닐까 싶다.

모든 이는 각자 자신만의 세계 속에 존재하며, 나의 관점에서 다른 이를 이해하거나 다른 이에게 나를 이해하도록 설득하는 것 역시 자기중심적 사고인 셈이다. 이러한 차이와 다름을 인정함으로써 그 상황에서 느껴지는 감정을 조금이라도 덜어내는 것이 성숙한 갈등 대처 방식이 아닐까 하는 생각이 든다.

사실 상대방을 움직이게 하는 가장 중요한 요소는 내가 그의 삶에 도움이 되는 존재인지 여부다. 나라는 사람의 상실이 그에게 타격이 되도록, 스스로를 다지고 노력하면서도 필요하다면 상대에게 다가갈 용기를 가지는 것. 다시 한 번 나 자신에게 숙제로 주문해 본다.

운명은 사다리 타기

변화와 성장, 그리고 행복

인생에는 끝이 없다. 고시공부를 하던 시절에는 시험만 합격하면 세상이 모두 내 것 같을 거라 느꼈지만, 막상 시험에 붙고 보니 혹독한 연수원 과정이 기다리고 있었다. 연수원을 무사히 수료하고 좋은 직장을 갖게 되면 인생에 더 이상의 고난은 없을 것이라고 생각했지만, 막상 입사를 하고 보니 온통 모르는 것투성이인 난제를 풀기 위해 새벽 별을 벗삼는 일상이 반복된다. 이쯤되면 인생의 고난은 형태를 바꿔서 언제든 찾아온다는 진리를 깨달을 법도 한데, 어떻게든 이 시기를 이겨내면 행복한 나날이 올 거라고 순진한 희망을 매번 갖게 된다.

하지만 그런 힘든 상황 속에서 스스로 불행하다고 느꼈던 것은 아니었다. 스스로 열정적으로 살고 있다는 자부심이 있었고, 그렇게 해서 얻어진 성취에 충분히 기뻐하기도 했다. 그러고 보면 인생에 있어서 행복이란 객관적으로 완성된 상태나 환경이 아니라 그때그때 느껴지는 순간의 감정이라는 생각이 든다.

예전과 비교해서 객관적인 상황이 안정되고 난 후 나타나는 역경과 고난은 주로 내부적인 변화에 적응하는 과정 속에 있는 것 같다. 그것은 주변의 정치적 환경 변화나 자신에게 주어진 역할 변화에서 비롯될 수도 있고, 심지어는 신체적인 변화 내지는 노화에서 비롯되는 것일 수도 있다.

2016년 53세의 나이로 '로미오와 줄리엣'의 줄리엣 역할로 내한한 발레리나 알렉산드라 페리의 인터뷰에서 너무나 인상적인 멘트를 본 적이 있는데, 독자들과 공유하고 싶다. "삶을 두려워하거나 일을 계속하는 걸 두려워하지 않아야 해요. 절대 일을 포기하거나 자기 몸을 훈련시키기를 포기하지 말라는 거죠. 변화를 겁내지 말아요. 몸이나 정신의 변화를 겁내지 말고 변화와 함께 가면 됩니다. 중요한 건 시간의 흐름과 함께 자신이 속해 있는 순간의 진실을 찾는 일이에요."

스스로 성장통을 겪고 있다고 느끼고 있던 찰나에 발견한 보석 같은 글귀가 눈을 환히 밝혀 준다.

운명은 사다리 타기

이 글을 썼던 2019년 당시, 나는 흰머리를 처음 발견했을 때의 충격과 노안의 징조에 대한 조바심으로 초조했던 것 같다. 지금도 신체의 노화를 받아들이는 것은 여전히 유쾌한 일이 아니고, 실제로 이런 문제를 초연하게 받아들이는 사람이 있을까 싶기도 하다.

하지만 영원한 젊음이 행복을 보장하는 것은 아니다. 인간은 결국 자연의 일부이며, 자연은 순환을 전제로 한다. 영원하고자 하는 욕망은 그 순리를 거스르는 것이다. 더구나 혼자만 박제된 듯 젊음을 유지한 나머지 소중한 주변 사람들과 시간, 추억, 감정을 공유하지 못한다면 그 자체로 불행한 일이다.

하지만 반대로, 시간의 흐름에 굴복해 스스로의 성장과 변화를 단념하고 포기한다면 과거의 유물이 되어 현재를 온전히 살아내지 못할 것이다. 결국, 시간의 흐름을 거부하지 않고 받아들이되, 그것을 잘 소화해 내는 것이야말로 모든 어른이 풀어야 할 진정한 숙제가 아닐까 싶다.

5. 내 등뼈는 똑바른가

심의섭

등을 쭉 펴려니

안녕하세요, 심카피입니다. 드라마 '대행사'에 나오는 그런 광고대행사를 30년 다녔습니다. 멋지게 소개하면 '커리어우먼', 현실적으론 '직장생활 30년 경력자'입니다. 아휴, 발노 마세요. 30년 동안 고객과 윗분들에게 얼마나 허리를 숙였는지 3번과 5번, 8번 등뼈는 추간판 탈출증에 시달리는 중입니다. 등뼈, 등뼈 하다 보니 급 감자탕이 당깁니다.

신체해부학적으로 등은 12개의 등뼈로 이루어져 있습니다. 12개 등뼈를 똑바로 세우면 등이 펴지는 것입니다. 거울을 보고 등을 쭉 펴려니 아이고 소리가 절로 납니다. 내 등뼈는 똑바를까요?

운명은 사다리 타기

1번 등뼈
: 광고 카피라이터, 너는 내 운명

"어떻게 카피라이터를 하게 되셨나요?"

"전 운명 같아요. 10월 9일, 한글날 태어나서 국문과를 나오고 한글 카피라이터로 일하는 건 운명 아닐까요?"

보통은 이렇게 답을 풀어냅니다. 어머니, 한글날 낳아주셔서 감사합니다. 덕분에 답변을 망설이지 않아요. 뜬금 어머님께 감사 인사 올리고요.

광고 카피라이터(copywriter)는 광고 카피(copy, 문안)를 쓰는 일을 합니다. 광고는 TV 광고, 라디오 광고, 유튜브 광고, 카드뉴스 등 많습니다. "사딸라"를 애절하게 외치던 햄버거 광고를 기억하시나요? 카피(카피라이터의 줄임말)는 모델인 김영철 씨가 외치던 '사딸라' 같은 문구를 씁니다. 심카피(성씨의 '심'+카피라이터의 '카피')는 뭘 썼냐고요? "사랑해요 LG", "편견의 못을 빼주세요", "그린홈, 크린아파트", "또 하나의 XG" 등 셀 수 없이 많은 카피를 썼습니다.

머리에 콕 박히는 카피는 크리에이티브한 아이디어에서 나옵니다. 카피라이터를 크리에이터라고 부르는 이유지요. 크리에이터는 엉뚱한 생각에 빠지기 일쑤입니다. 보통 구름을 보면 '구름이네', '구름이 많다', '먹구름이네' 정도로 생각하지만 카피들은 달라요. 구름이 미운 모양(밉다고 표현하는 저도 크리에이터네요)이면 "구름공장이 파업 중이군", 줄처럼 가느다란 라인 구름이라면 "구름이 다이어트 했나 봐"라고 합니다.

카피는 자신이 쓴 카피를 설명할 때 배우처럼 연기를 펼칩니다. 징글벨 노래를 개사한 호빵 광고 카피를 예로 들어볼게요.

"흰눈 사이로 떡볶이 쓱쓱~ 달리는 기분 밌있기도 하나~ 종이 울려서 호빵 먹으니 흥겨워서 호빵 호빵 노래부르네~"

이런 카피를 설명할 땐 노래 부르면서 춤도 추고, 연기까지 해야 합니다. 엉뚱하게 생각하면서 노래 부르고, 춤추고, 연기하는 일. 옛날로 치면 '딴따라'입니다.

시간이 흘러 명리학을 배울 기회가 생겼습니다. 저를 들여다봤습니다. 딴따라의 기질을 품은 '도화살'이 딱 자리하고 있더군요. 요즘 도화살은 아이돌로 성공할 사주라고들 하죠. 아쉽게도 심카피는 노래와 춤엔 젬병입니다. 글을 좀 쓰니, 카피라이터가 딱이지요. 또, 예술가의 기질과 기획력, 리더십이 동시에 존재합니다. 글을 잘쓰는 것은 기본, 기획력과 정리 능력, 리더십이 필요한 직업이 바로 카피라이터니까요. 세상에, 광고 카피라이터는 제 운명인가요? 그리 여기니 카피로 살아온 저는 참 행복한 사람입니다.

2번 등뼈
: 말 좀 갖고 놀 줄 안다

"말장난 잘하세요?"

한국어에는 소리는 비슷하지만 뜻이 다른 단어(동음이의어)가 의외로 많습니다. '눈이 내린다'는 무슨 뜻일까요?

"말이야 방구야? 하늘에서 눈이 내린다는 뜻이지."

후후, 질문이 너무 쉬웠나요?

사실, '눈'은 1개가 아닙니다. 최소한 2개 이상이죠.

"아~ 사람 눈! 왼쪽 눈 1개, 오른쪽 눈 1개니까?"

아니요, 사람의 눈이라서가 아니라요. '눈'의 뜻은 최소 2개 이상입니다. 첫 번째는 하늘에서 내리는 '눈', 두 번째는 사람의 '눈'이죠. 그리고 봄에 피는 싹을 표현하는 '꽃눈', '잎눈'이라는 뜻도 숨어 있죠.

운명은 사다리 타기

카피라이터는 한국어의 이런 특징을 이용해 말장난을 잘합니다. 속된 표현으로, 말 좀 갖고 놉니다.

'눈에 눈이 들어가서 나는 눈물인가, 눈물인가'는 무슨 뜻일까요?

'사람 눈에 들어간 하늘의 눈 때문에 눈에서 눈물이 나는 것인가', 아니면 '눈에 들어간 눈이 녹아서 물이 흐르는 것인가'를 장난스럽게 쓴 문장입니다.

또 다른 예를 볼까요? "눈누난나 눈누난나"라는 광고 카피가 있습니다. 눈을 상쾌하게 해주는 눈약 광고인데요.

'눈을 상쾌하게 해줘서 눈과 마음이 룰루랄라 신난다'는 표현이죠. 원래 '눈누난나'는 SNS에서 룰루랄라를 귀엽게 표현한 의성어입니다.

이 광고의 카피라이터는 이 의성어를 사람의 눈과 연결지어 "눈누난나~ 눈이 시원해지는 0스타"라는 카피를 만들었습니다.

심카피는 말장난을 좋아합니다.

"한려당은 안전빵", "한려당은 기본빵". 십여 년 전에 썼던 빵가게 대리점 모집 광고 카피죠. 본사가 기본 수익을 보장한다는 점을 강조한 말장난입니다.

"전율 그 이상의 할인율", "0원한 사랑", "우리는 아무것도 없는 사이다~ 무가당 사이다", "편견의 못을 빼다", "부산에서 마! 마! 마닐라로 갑니다" 등 심카피는 말 좀 갖고 놀 줄 압니다.

3번 등뼈
: 인간관계에 '공'을 들이다

"친해지기 너무너무 어려워요."

어느 겨울, 협력회사의 K씨가 보이는 극강의 까칠함에 일할 의욕이 땅속을 파고들어갔습니다. 여기서 잠깐! 광고회사는 외부회사와의 협업이 참 많습니다. 영상광고 제작은 영상을 촬영하는 회사, 라디오 광고 제작은 녹음실, 잡지 광고 제작은 포토스튜디오와 협업합니다.

K씨와는 자주 통화를 해야 했습니다. 그러던 어느 날, 스토리보드 (촬영할 내용을 그림으로 그리고, 모델이 말할 카피 문안을 써 놓은 것)를 전달하며 일정 관련 협의를 부탁하는데 틱틱거리기는 기본 장착! 극도로 까칠한 대응이 돌아왔습니다. 이런 상황이 계속되니 통화 스트레스로 폭발하기 직전.

견디다못해 주전부리를 사서 K씨를 찾아갑니다. 역시나 극 까칠. 문전박대 안 당한 것이 다행일까요? 커피를 마시며 까칠한 이유를 묻고 싶었지만 입도 뻥긋 못합니다. 해가 진 김에 저녁까지 먹습니다. 억지로 웃으면서 이어지는 대화. 고문 같은 시간이었지만 지성이면 감천이라더니 식사를 마칠 쯤 '극 까칠'이 '보통 까칠'로 난이도가 떨어졌습니다. 그날 이후엔 안부 문자도 자주 보냈습니다. 처음엔 '읽씹(읽고 씹기, 읽고 무시하다)'이더니 가끔 답도 해주네요. 한 달 정도 공을 들였습니다. '프로젝트가 끝날 때는 연애 상담을 할 만큼 친해졌다' 같은 극적인 변화는 없었습니다. 하지만 전화 통화가 더 이상 스트레스가 되는 상황은 많이 줄었습니다.

사람과의 관계는 풀어가기 어렵습니다. 그러려니 넘겨도 좋고, 포기해도 사는 데는 지장 없습니다. 하지만 저는 스스로를 위해서 공을 들입니다. 모두가 저를 좋아하게 만들려는 의도는 아닙니다. 어쩔 수 없이 관계를 맺어야 하는 상황이라면 최소한 스트레스는 받고 싶지 않아서입니다. 저 편하자고 공을 들이는 거죠. 또, 관계 맺기는 아무리 노력해도 상처 입기 일쑤입니다. 인간에게 받은 상처는 내상이 깊고, 100% 회복도 어렵습니다. 아마도 제 3번 등뼈가 자주 아픈 이유일 겁니다.

4번 등뼈
: 41개의 광고상

광고상을 41개나 받았습니다. 자잘한 상은 제외한 숫자임을 생각하면, 상복이 많은 행운아였습니다. 대한민국광고대상, 부산국제광고제, 깐느광고제, 런던광고제, 뉴욕페스디벌 등에시 싱을 빈으며 실적을 쌓아갔지요.

트로피도 악착같이 모았습니다. 왜 그랬는지 지금도 미스터리합니다. 트로피는 어디에 두기도 애매하고, 분리수거조차 불가능합니다.

상을 받았다는 증거는 사진과 스캔본으로 남기면 충분합니다. 아름다운 쓰레기가 되어버린 트로피. 게다가 개인 소장을 위한 구입비용이 따로 드는 경우도 많으니, 가능하면 트로피는 받지 않기를 추천합니다.

운명은 사다리 타기

5번 등뼈
: 성격이 나빠서 돈을 벌어요

광고회사에서 일하는 사람들을 흔히 광고쟁이(장이)라고 부릅니다. 이 단어는 전문가나 기술자를 의미하지만, 살짝 낮춰보는 뉘앙스도 풍깁니다. B치킨 광고를 제작할 때 치킨회사 대표로부터 "좋은 광고를 만들어주신 광고 기술자님들에게 박수를 보냅니다"라는 말을 들은 적도 있습니다. 맞는 말이지요. 카피 쓰는 기술, 영상 찍는 기술을 가진 기술자들입니다.

그런데 광고쟁이들은 성격이 조금 독특합니다. 심하게 말하면 나쁘기도 합니다. 무엇보다 매우 예민합니다. 보통 사람이라면 "장미가 예쁘다" 하면 그냥 "예쁘네" 하고 넘기겠지만, 광고쟁이들은 "왜 장미가 예뻐?"라고 의문을 품습니다. 의문을 가지다 보니 시비가 되고,

별일 아닌 데도 예민하게 반응한다는 말을 듣습니다.

또, "비 오는 수요일엔 빨간 장미를 사고 싶다"고 말하면 "나중에 화원 하려고?" 같은 엉뚱한 대답이 튀어나옵니다. 이런 식으로 종잡을 수 없는 생각을 하다 보니 "이상한 사람"이라는 딱지가 붙기도 합니다. 그러면 광고쟁이들은 "왜 내 말을 그렇게 곡해하느냐"고 서운해합니다. 그 서운함이 얼굴에 고스란히 드러나 분위기가 서늘해지고, 결국 "성격 나쁘다"는 소리를 듣습니다.

광고쟁이들도 덜 예민하고 감정을 드러내지 않는 평범한(?) 사람이 되고 싶어 하기도 합니다. 하지만 정작 그 예민함이 광고쟁이로 살아가는 밑천이라는 사실은 깨닫지 못합니다. 사실, '예민하다'는 것은 곧 '크리에이티브하다'는 말과 다르지 않습니다. 광고쟁이의 일은 남들이 보지 못하는 것을 보고, 듣지 못하는 것을 듣는 작업입니다. 타고났든, 환경의 영향을 받았든, 그 예민함 덕분에 가능한 일입니다.

예민함을 버린다면 창의성도 떨어질 겁니다. 순둥한 베토벤, 평범한 지드래곤, 성실한 아마데우스, 조신한 레이디 가가를 상상할 수 있나요? 저요? 예민하고 까칠합니다. 덕분에 광고 카피를 잘 쓰고 크리에이티브한 아이디어를 내지만, 때로는 무던한 성격이 부럽기도 합니다. "왜 그렇게 예민하냐"는 말 한마디에도 상처받고, 그러면 예민한 5번 등뼈가 추간판탈출증으로 고통받습니다.

혹시 주변에 예민한 어린이가 있다면, 크리에이티브한 무언가를 시

운명은 사다리 타기

켜보세요. 제 지인의 딸 '하늘'(가명)은 성격이 예민해 키우는 데 고생이 많았다고 합니다. 그런데 하늘이는 10년째 취미로 베이킹을 하며, 멋진 쿠키와 빵을 구워냅니다. 대학생이 된 지금은 인스타그램 베이킹 인플루언서로 활동 중입니다. 성격의 예민함이 '맛의 예민함'으로 승화된 좋은 사례라고 할 수 있지요.

6번 등뼈
: 사랑은 움직이는 거야

"사랑할 줄 모르는 카피라이터는 당장 그만둬."

심카피는 광고해야 할 제품을 미친 듯이 사랑합니다. 막 사랑에 빠진 애인처럼 사랑합니다. 디자인과 맛이 한참 떨어져도 세상 가장 예쁜 제품처럼 애지중지합니다. 왜냐고요? 내가 팔아야 할 제품을 밉다고 생각하는 순간 미운 카피만 쓰기 때문입니다. 미운 사람을 보면 어떠세요? 뭘 해도 밉습니다. 숨소리가 커서 밉고, 숨소리가 작아서 밉습니다. 반대로 사랑한다면 입 냄새는 달콤하고 개기름도 아름답게 보입니다.

카피라이터는 자신이 다니는 광고회사가 계약한 기업의 제품을 광고합니다. 어제 A사의 마스카라 광고 카피를 쓰다가, 다음날 경쟁사인 B사의 마스카라 광고 카피를 쓰는 상황도 허다하게 발생합니다. 하루아침에 경쟁사 제품의 카피를 써야 하는 거죠. 그럴 경우엔 어떻게 하냐고요? 순간의 망설임도 없이 경쟁사였던 제품과 사랑에 빠집니다. 환승 연애! 사랑은 움직이는 겁니다.

7번 등뼈
: 아는 척, 잘하는 척

후배가 퇴사 상담을 요청했습니다.

"난 일을 못해요."

"나만 매일 혼나요."

중증의 '나만 못해' 병에 걸린 상태입니다.

광고회사도 일반회사와 똑같습니다. 신입사원이 회사에 들어와 1년이 지나면 '쭈굴이'로 변신합니다. '나만 못해', '내가 한 건 구려' 병이 심해진 결과죠. 처음 입사한 신입이 무엇을 하겠습니까. 뭘 해도 어설픕니다. 혼나는 일도 많습니다. 학교 땐 나름 잘나가던 수재였겠지만 직장에선 초짜니까요. 자존감이 바닥을 칩니다. 설상가상 옆에 2년차 선배들은 즐겁게 척척, 문제없이 술술 일합니다. 단지 1

년 먼저 들어왔을 뿐인데요.

심카피도 그랬습니다. 입사 첫 주 목요일. 대리님이 퇴근하면서 금요일 회의자료 복사를 '부탁'이란 이름으로 '지시'합니다. 솔직히 복사야 껌이죠. 룰루랄라 복사실에서 열심히 복사를 했습니다. 그러다가 잼(복사용지가 끼임)에 걸립니다. 과감히 복사기 본체를 열었지만 손으로 꺼낼 수 없는 위치. 다른 층에서 복사하다 또 잼. 또 다른 층에서 복사. 다시 잼. 회사 전체의 복사기를 잼 시켰습니다. 모두 고장 냈지요. 다음날 아침, 회사가 난리 난리 났습니다. 여기저기서 복사기를 고장 낸 용의자 색출이 이루어집니다. 복사 잘했다고 칭찬받을 줄 알았다가 회사 공인인증 말썽꾸러기로 전락합니다. 이때부터 1년 동안 '왜 맨날 나만 혼나', '나만 못해'를 달고 살았죠.

1년이 지나 팀 선배님께 상담했습니다.

"일을 못해서 그만두려고요."

그제야 선배가 넌지시 말합니다.

"다들 너처럼 그래. 아닌 척, 잘하는 척할 뿐이야."

믿을 순 없지만 믿고 싶었습니다. 그 후 찬찬히 주위를 살폈습니다. 웃는 그들의 얼굴 너머가 살짝살짝 엿보였습니다. 그들에게도 일은 힘들고 버거웠습니다. 잘하는 척, 아무것도 아닌 척, 즐거운 척할 뿐이었죠. '척'이라도 하지 않으면 진짜 회사를 그만둘 것 같아서요. 이렇게 투명한 걸 몰랐지요. 심카피도 '~하는 척' 살았습니다. 일 잘하는 척, 행복한 척, 재미있는 척. 광고회사를 퇴직한 후에는 안 그런 줄 알았지만, 또 '척'을 하며 삽니다. 바쁜 척, 할 일 많은 척, 즐겁게 사는 척.

운명은 사다리 타기

8번 등뼈
: 말하지 않아도 알아요. 진짜요?

"말하지 않아도 알아주겠지."

꿈 깨세요. 독심술을 익힌 것도 아니고 말하지 않은 내 마음을 상대방이 어떻게 알겠습니까.

부장시절 꽤 규모가 큰 팀에서 일을 했습니다. 팀에는 심카피와 D부장, 이렇게 2명의 차기 팀장 승진 대상자가 있었습니다. 매일 업무가 끝나갈 무렵에는 심카피와 D부장이 각각 그날의 일을 팀장에게 대면으로 보고했습니다. 이상하게 매번 D부장의 보고가 먼저였지요. 빨리 마치고 집에 가고 싶은 마음에 '먼저 보고하겠다'고 말할까 망설이다 '알아서 해주겠지' 하고 지나갔습니다. 몇 달이 지나도 순서는 바뀌지 않았습니다. 에라~ 모르겠다. 큰 맘 먹고 팀장에게 먼저

보고하게 해달라고 말했습니다. "심카피, 나중에 보고하는 걸 원하
거 아니었어?"라는 답이 왔습니다. 뒤늦게 깨달았습니다. 말하지 않
아도 알아주는 사람은 없다. 상대방은 내가 아니었습니다.

　이때부터입니다. 상대가 내 마음을 알아서 헤아려줄 거라는 기대는
살포시 접었습니다. 스스로의 감정이나 생각, 상대방에게 원하는 것
이 있으면 제대로 말하고 표현합니다. 그랬더니 사는 게 훨씬 편해졌
습니다.

　　　　　　　　　　　　　　　　　　　　　운명은 사다리 타기

9번 등뼈
: '설레발'과 '뒤통수'

승진을 해본 적이 없습니다. 아, 딱 한 번 승진했습니다. 부장에서 CD(Creative Director, 국장)로의 승진입니다. 사원에서 부장까지 승진 안 하고 어떻게? 신박한 방법이 있습니다. 회사를 옮기면서 승진, 이직하면서 자동 승진했습니다. 사원에서 대리, 차장에서 부장 승진을 상대 회사가 스카우트 조건으로 내걸었죠.

"이 회사 가도 괜찮을까요?"

이를 아는 후배들이 상담을 자주 옵니다. 다른 사람의 이야기를 잘 들어주는 성향도 아닌데 말이죠. 그럼에도 불구하고 의외로 상담을 많이 해줬네요. 샛길로 빠져서 죄송! 면접에 합격했냐고 물어보면 이력서도 안 낸 경우가 대부분입니다. 당연히 붙을 것이란 오만과 설레발이지요. 설레발 떨면 서류전형에서 똑 떨어집니다. 떨어지면 '뒷골'이 서늘해집니다. 요즘 말로 현타(현실자각타임)가 오죠.

사원 말년 차에 N사의 러브콜을 받았었습니다. 광고회사 지인의 추천으로 이력서 제출, 서류전형 합격, 팀장 면접, 임원 면접, 합격까지 1주일 만에 완료. 친구와 선배들에게 "나도 이직히면 대리야" 설레발을 떨었습니다. 마지막 사장 면접 일정이 몇 주 연기되는 사이 경쟁자가 나타났습니다. 면접 날, 사장은 경쟁자에게 "아버님은 잘 지내시죠?"라고 안부를 물었습니다. 뒤통수가 얼얼했습니다.

세상일은 잘 모르지만 요건 압니다. 설레발 떨면 될 일도 안 된다. 그 다음부터는 이직할 회사와 고용계약서에 사인하는 순간까지 긴장을 늦추지 않았습니다. 뒤에 눈을 달아 놓을 수 없으니 늘 뒤통수 맞을 준비도 하고요.

운명은 사다리 타기

10번 등뼈
: 막내일 때 알았더라면

"왜 나부터 까는 거야!"

회사 입사 첫해는 누구나 막내입니다. 심카피도 막내 때를 생각하니 소소한 웃음이 번집니다. 참 좋을 때다. 뭘 해도 좋고 뭘 안 해도 좋은 시기죠. 그때는 몰라서 뭘 해도 억울하고 뭘 안 해도 서러웠습니다.

일반회사에서 회의 중에 팀원들이 돌아가며 의견을 말한다면, 광고회사는 아이디어 회의 시간이 따로 있습니다. 막내인 심카피는 아이디어 발표를 제일 먼저 했습니다. '왜 나부터 아이디어를 까는(발표하는) 거야'. 속으로 억울함을 달고 살았지요.

시간이 흐르고 나서야 알았습니다. 막내가 첫 번째로 아이디어를 발표하는 것은 배려였다는 사실을. 연차(일을 한 해수)가 낮으면 아이디어가 설익었을 확률이 높습니다. 아이디어 종류도 많지 않고요. 만약에 선배들이 먼저 발표하면, 막내의 아이디어는 이미 누군가가 말한 것과 겹칠 가능성이 큽니다. 나중에 막내가 발표할 아이디어가 없을 수도 있지요. 솔직히 막내 때는 아이디어가 그저 그래도 책임질 일은 적습니다. 연봉 많이 받는 선배들 책임이죠. 막내일 때 알았더라면 좋았겠습니다. 겁없이 발표하고 선배들을 측은하게 여겼겠지요. 8번째 등뼈는 지나간 일에 대한 후회, 아쉬움입니다. 8번 상태가 안 좋은 이유지요.

'왜 나부터 까는 거야'는 카피라이터의 직업병이 담긴 문장입니다. '까는'이라는 표현에는 이중 의미가 숨어 있습니다. 첫 번째는 '왜 나부터 발표를 시작해야 하는 거야'라는 뜻이고, 두 번째는 '왜 나부터 팀장에게 질책받는 거야'라는 의미입니다.

11번 등뼈
: 사과 잘하는 여자랍니다

"죽어도 미안하다는 말을 못한다?"

그토록 어려운 걸까요? 어떤 사람은 사과를 하면 지는 것 같다는 생각에 망설이기도 합니다. 심지어 몇몇 기업은 사과가 필요한 상황에서 잘못된 입장문을 발표했다가 오히려 더 큰 비난을 받는 경우도 종종 있습니다.

저, 심카피는 사과를 아주 잘합니다. 신입사원 시절부터 30여 년 동안 회사에서 사과의 아이콘(?)으로 자리잡았습니다. 사과문 작성은 저 같은 카피라이터가 주로 담당합니다. 사과문을 쓰는 데는 단순한 글쓰기 기술뿐만 아니라 국민의 감정을 읽는 예리한 감각이 필수이기 때문입니다.

예를 들어 사고로 사람이 사망했다면 사과문은 '죽을 죄를 지었습니다'라는 강도 높은 문장으로 시작합니다. 반면, 단순히 회사의 기물이 살짝 파손된 경우라면 '죄송합니다'라는 가벼운 표현이 적절합니다. 이처럼 국민의 감정을 고려해 사과문의 수위를 조절하고 단어를 신중히 선택해야 합니다. 사과문 작성은 그 자체로 상당히 예민하고, 카피라이팅 난이도로는 최상 중의 최상에 속합니다.

흥미롭게도, 기업들이 문제를 일으켜 사과문을 내놓고도 여론의 비난을 받았을 때, 결국 저를 찾아오는 경우가 많았습니다. 재미 삼아 질문 하나 드리죠. 사과문을 가장 많이 내는 곳은 어디일까요? 정확한 통계는 아니지만, 아마도 사고를 가장 많이 치는 곳이겠지요.

[답: 엔터회사(기획사)]

운명은 사다리 타기

12번 등뼈
: 빛나지 않는 일도 빛나게

"다음 달에 들어오는 신입사원 교육할 사람!"

월요일 아침 7시, 팀장회의 자리에 폭탄이 떨어집니다. 정해진 업무 외의 일은 대부분 기피 대상입니다. 잘하면 당연한 일이 되고, 못하면 비난받기 십상인 '빛나지 않는 일'이니까요. 다들 고개를 들지 못하고 시선을 피합니다.

팀장들이 써낸 주간업무를 뒤적이던 본부장은 지난주에 프로젝트를 마무리한 심카피와 C팀장을 지목합니다. 잠깐의 시간이 지나 한국광고연합회에서 꾸준히 광고 강의를 하던 심카피가 신입사원 교육 담당으로 결정됩니다.

"왜 나예요?"

불만의 아우라를 온몸으로 풍기며 보상을 요구했습니다. 본부장은 협상의 제안을 내놓았습니다.

"심카피, 추석 연휴에 붙여서 휴가 2주 가요."

그렇습니다. 한 달 전부터 부탁드렸던 2주 휴가로 협상 완료.(어디로 갔는지는 패스하겠습니다.)

신입 교육을 열심히 준비해서 열정적으로 진행했습니다. 본부장, 인사팀, 신입사원, 나중에 신입이 들어간 팀의 팀장들까지 다들 대만족이었지요. 교육 잘한다는 칭찬, 많이 받았습니다. "심카피에게 맡기면 걱정이 없어", "뭐든 끝까지 책임지고 하니 믿고 맡긴다", "하나를 보면 열을 안다고 다른 일도 잘할 거야"라는 평가가 공식화되었습니다. 빛나지 않는 일이었지만 잘했다는 말이 돌면서 빛나는 사람이 된 것 같은 착각도 했습니다.

냉정하게 이 시기엔 교육을 잘하진 못했습니다. 대신 최선을 다했습니다. 나에게 주어진 일을 어떤 태도, 어떤 방식으로 대하느냐가 중요하다고 믿기 때문이었습니다. 지금도 그렇습니다. 이 일에 최선을 다하지 못하면 딴 일도 최선을 다하지 못하고, 이 일을 최선을 다해 잘하면 다른 일도 최선을 다해 잘한다고 생각합니다. 저는 좋은 일만 가려 하지 않습니다. 폼나는 일과 어려운 일을 구분하지도 않습니다. 그러다 보니 손해도 많이 봤지요. 어쩌겠습니까, 제 선택이었는데요.

최선을 다한 교육은 아주 천천히 몇 년에 걸쳐 결실을 맺었습니다. 신입사원 교육 이후 이곳저곳에서 꾸준히 강사로 찾아주더니, 광고회사를 퇴사한 후에는 본격적으로 강의를 나갑니다.

12개의 등뼈는 심카피의 오늘을 이루었고 지탱합니다. 등 뒤로 손을 뻗어 등뼈를 토닥여 봅니다. '심카피 데리고 사느라 고생했다 그리고 감사하다'를 속삭입니다. 광고회사 직장인이란 명함을 내려놓고 새로운 인생을 준비하는 지금, 계속 써도 좋을 뼈도 있을 것이고, 고쳐 써야 할 뼈도 있을 것입니다. 완전히 새로 바뀌는 뼈도 있겠죠. 뭐든 결국은 잘될 겁니다.

6. 다시 시작하는 용기

유상진

知天命, 인생의 절반을 기록하며

    올해로 나는 50세를 맞았다. 모든 사람들의 소망인 100세 천수를 기준으로 하면, 이제 정확히 인생의 절반을 살았다. 공자께서는 50세를 가리켜 지천명(知天命)이라 하셨지만, 나는 천넝이 무엇인지 아직도 잘 모르겠다. 가만히 생각해보면, 내 인생은 처음 계획했던 대로가 아닌, 세컨 초이스 혹은 서드 초이스를 선택하며 살아온 것 같다. '그때 베스트 초이스를 했다면?'이라는 가정은 무의미하지만, 만약 그 시절로 돌아간다면 더 나은 선택을 할 수 있었을까?

운명은 사다리 타기

자라온 이야기

 나는 강남 토박이라 해도 과언이 아니다. 1978년 강남 개발이 본격적으로 시작되던 무렵 강북에서 이주했다. 당시 논밭이던 개포동이 개발되는 과정을 직접 눈으로 지켜보았다. 초등학교 시절 매년 부근에 새로운 학교가 생겨났고, 친구들이 전학 가는 일이 빈번했다. 중·고등학교 역시 개교 5년 이하의 신설학교에서 다녔다.

 내가 보낸 대치동의 학창 시절은 지금과는 많이 달랐다. 지금처럼 학원 수강을 위해 전국에서 학생들이 몰려오는 일도 없었고, 밤마다 학원 등하교 차량으로 동네가 마비되는 모습은 상상도 할 수 없었다.

 어릴 적 내 꿈은 고속버스 운전사였다. 70년대 자가용이 거의 없을 시절 명절 때 할머니댁으로 타고 가는 고물 벤츠 고속버스는 최고의

로망이었다. 초등학교를 들어가서는 군인이 되고 싶었다. 박정희 대통령의 유신 시절에 태어나 전두환, 노태우 같은 군 출신 대통령이 국가 권력을 독점하던 시기를 지내면서, 군인의 절도 있고 명령에 죽고 사는 모습이 멋져 보였다. 장성 출신 부모를 둔 친구들이 유복하게 사는 모습을 보며 부러움을 느낀 것도 하나의 이유였던 것 같다.

나는 특히 역사책에 나오는 위인들, 이순신, 을지문덕, 강감찬 같은 장군들의 이야기에 끌렸다. 삼국지 같은 역사물을 즐겨 읽으며 자연스레 역사를 좋아하게 되었고, 고등학교를 졸업할 무렵에는 역사학도가 되고 싶다는 꿈을 꾸었다.

그러나 소심하고 우유부단한 성격 때문에 내 의견을 고집하지 못했다. 담임선생님의 추천에 따라 점수에 맞춰 대학을 지원했고, 마음에 들지 않는 영문학을 전공으로 선택했다. 대학 시절, 경영학, 철학, 법학 등 여러 과목을 들이봤지만 딱히 큰 흥미를 느끼지는 못했다.

군 입대 전, 나는 그저 "먹고 대학생"이라는 말처럼 아무런 목표의식 없이 시간을 보냈다. 공부도 제대로 하지 않았고, 놀지도 못한 채 허송세월을 보낸 것이 지금도 후회된다.

대학 2학년을 마치고 군대에 다녀온 뒤, 삶의 방향성에 대해 진지하게 고민하기 시작했다. 뒤늦게 철이 든 경우랄까? 태어나서 단 한 번도 집이 아닌 곳에서 살아본 적 없던 나에게 군대는 충격적이면서도 새로운 경험이었다.

운명은 사다리 타기

군 제대 후 마음을 다잡고 전공 공부를 위해 IMF 시절, 환율이 달러당 2,000원이던 때에 캐나다 밴쿠버로 어학연수를 떠났다. 복학 전까지 이어진 그 시간은 내 인생에서 가장 행복했고 인생관 자체를 바꿀 정도로 큰 영향을 미쳤다.

우물 안 개구리였던 나는 세계를 보게 되었고, 그곳에서 일본, 대만, 브라질, 이탈리아, 러시아 등 전 세계에서 온 친구들을 사귀었다. 이들은 내게 세계를 바라보는 시야를 넓혀 주었고, 지금도 30년 가까이 연락을 주고받으며 인연을 이어가고 있다. 이 경험은 세계 곳곳을 여행하며 친구들을 만날 수 있는 내 인생의 큰 자산이 되었다.

사회생활 이야기

나는 결정을 잘 못 내리는 편이다. 또한 변덕도 심하다. 명리학적으로 보면 내 사주는 식신격에 정관과 편관이 혼재된 관살혼잡 사주다.(별로 좋은 사주는 아니다) 쓸데없는 걱정이 많고, 오행이 모두 갖추어져 있어 어디 한 곳에 정착하기보다는 여기저기 돌아다니는 성격이다.

어릴 적 군인이 되고 싶었던 이유 역시 명령에 잘 따르고 조직 생활에 적합한 정관의 특성이 강하게 작용했기 때문일 것이다.

나는 어릴 때부터 선생님이나 부모님의 말씀을 잘 들어야 한다는 내재된 의식을 가지고 자랐다. 바르게 살아야 한다는 강박은 내게 극심한 스트레스를 주었고, 지금도 착하게 살아야 한다는 무게감이 나를 괴롭히곤 한다.

독실한 기독교 집안이었던 외가의 영향으로, 불쌍한 이웃에 대한 측은지심과 신앙적 순종심이 직업 선택에도 큰 영향을 미쳤다. 대학 졸업 후 첫 직장을 신문사로 정한 것도 이런 배경 덕분이었다.

오너가 있는 재벌 기업은 부정과 편법이 많을 것이라는 선입견을 가지고 있었던 나는 가장 정직하다고 평가받던 한겨레신문에 공채 13기로 입사했다. 입사 이튿날, 동기들과 함께 찍은 사진이 신문 1면에 실리는 영광을 누렸다.

기자들의 사주에는 대개 식신과 상관이 있는데, 내 사주에는 상관(상관이란 윗사람도 들이받을 수 있는 한마디로 싸가지 없음이다)이 없다. 기자의 꿈을 꾸고 신문사에 입사했지만 기자로 일하지 못한 것도, 선배가 추천해준 부동산 투자 회사에 취업하지 않은 것도, 국내 최고의 유통 재벌 회사에 합격하고도 입사하지 않은 것도 모두 운명인 듯하다.

정관과 더불어 존재하는 편관은 나로 하여금 선출직에 대한 미련을 갖게 했다. 초등학교 시절부터 반장선거에 자주 출마했고, 과대표, 동기 회장, 기독교 신우회장 등 실속 없는 다양한 모임의 장을 맡기도 했다.

한겨레신문에서는 우리사주조합장을 2년간 맡았고, 최연소 팀장, 부장, 부국장을 거쳐 지금은 신문사 노조위원장을 맡고 있다. 50의 나이에 오랜 기간 공석이던 노조위원장에 출마한 것도 한겨레가 사회적 모범이 되어야만 한다는 강한 의무감 때문이다.

노조의 특성상, 특히 인사권을 가진 경영진의 허물에 비판적일 수밖에 없어 가까운 사람들과 서먹해지기도 한다. 게다가 나는 남의 평판에 매우 민감한 성격이라 누군가의 뒷담화를 듣기라도 하면 밤잠을 설친다.

23년간의 직장생활 대부분을 B2B 마케팅에 종사하며 사람들과 어울리는 것을 좋아하는 성격 덕에 행복했던 순간도 많았다. 하지만 과도한 업무 중압감과 '잘 보여야 한다'는 부담감은 내 자신뿐만 아니라 가족들에게도 큰 상처를 주었다.

퇴근 후 피곤 때문에 짜증을 자주 부리던 내 모습에 어머니는 "네가 신문사에 들어가기 전에는 이렇지 않았다"고 하신다. 사랑하는 아내와 두 아들에게 "버럭하는 사나운 아빠"로 기억되는 것이 슬프다. 이는 내 사주의 편관적 성향 때문이다.

인상학적으로는 높은 코가 본인의 위상을 의미하며, 자존심이 세고 보수적이며 때로는 이기적으로 비칠 수 있다고 한다. 나는 코가 높고 크다. 개인적으로 돈을 잃는 것보다 명예를 잃는 것이 더 싫다. 남한테 아쉬운 소리를 못하고 가끔 실속 없이 고집을 피우는 것도 아마 높은 콧대에서 나왔다.(그나마 코끝이 둥글어서 다행이다. 코끝이 날카로우면 부리처럼 쪼을 수 있어 사람들을 아프게 할 수 있다.) 내 입은 큰 편이지만 입꼬리는 내려가 있어 현실이나 주변 환경에 불만이 많은 상이다. 많은 기자들과 검사들의 입꼬리는 대게 아래로 쳐졌다.(윤석열 대통령의 입꼬리

운명은 사다리 타기

위로 올라갔다면 지금 그의 운명은 다르게 흘러갔을 것이다.)

현실에 대한 불만과 잘못을 바로잡아야 한다는 신념이 비판으로 먹고 사는 신문사로 이끈 요인이 아닌가 싶다.

모르는 사람들과 첫 대면하는 모임에 가면 내 인상은 차도남 느낌이 들었다고 한다. 처음 보는 사람들 앞에서 긴장한 것도 있겠으나 예민하고 내성적인 성격이 나도 모르게 얼굴에 드러난다고 하겠다. (알고 보면 허당인데…)

생긴 대로 사는 것이 관상학이라면 인상을 바꾸어 인생을 바꿀 수 있다는 것이 인상학이다.

인상학에서 웃는 얼굴 입꼬리가 올라 간 상은 부귀하고 말년이 행복하다고 기술하고 있다. 뇌과학에서도 억지로 웃음을 지으면 근육의 움직임이 뇌로 하여금 특별한 호르몬을 생성해 기쁜 감정을 만든다고 한다. 웃기만 해도 행복해지고 인생이 핀다니 많이 웃는 연습을 해야겠다.

인상학에서는 마음가짐이 얼굴에 그대로 투영된다고 한다. 마음의 여유가 생기면 입꼬리가 올라가고, 이는 좋은 말년운으로 이어진다. 마음이 편안해지면 내장기관도 건강해지고, 얼굴색(찰색)이 밝아져 형통한다고 한다.

TV에 나오는 승승장구하는 사람들의 얼굴을 자세히 보면, 시쳇말로 혈색이 좋다. 특히 이마와 코로 연결되는 중심 부위(전문용어로 인당이라고 한다)가 밝은 것을 볼 수 있다. 반대로 얼굴색이 어두운 사람들은 경제적, 명예적으로 어려움을 겪기 쉽다.(윤석열 대통령이 계엄을 선언할 당시의 얼굴색은 술 한 잔 한 듯 좋았으나 그 이후 얼굴색이 급속히 어두워지며 실패로 막을 내렸다.)

세상살이의 신념

누군가 20년 동안 천착해온 B2B 마케팅의 핵심 가치를 물으면 나는 주저 없이 "신뢰와 도전"이라고 답할 것이다.

신뢰는 돈이나 물질로 쌓아지는 것이 아니라, 사람을 진심으로 대할 때 자연스럽게 따라오는 선물과도 같다. 한 번의 인연도 쉽게 끊지 않고, 가식 없이 솔직하고 성실하게 대하는 것이 사회생활의 왕도가 아닐까 싶다.

어린 시절에는 비즈니스 관계에서 '어떤 이익을 취할까'를 먼저 고민했다. 그러나 내가 존경하는 선배이자 사수였던 황충연 전 한겨레신문 이사(현 씨네21 부사장)를 만나고 나서, '내가 어떤 도움을 줄 수 있을까'를 먼저 고민하는 습관을 배우게 되었다. 그렇게 쌓인 신뢰의 가치는 최신 영업 기법이나 커뮤니케이션 트렌드를 넘어서는 불변의 진리라고 확신한다.

신뢰와 더불어 강조하고 싶은 것은 도전이다. 정주영 현대그룹 창업주의 "500원짜리 지폐를 들고 전주를 설득해 세계적인 조선소를 세운 이야기"는 누구나 들어봤을 것이다. 그의 "해봤어?"라는 말은 직장생활은 물론 인생에서도 큰 울림을 주었다.

내성적이고 소심한 성격의 내가 생판 모르는 사람들을 만나 가진 무기라곤 "신문사의 평판" 하나로 비즈니스를 한다는 것은 큰 용기가 필요했다. 직장생활 초기부터 파나소닉코리아 일본인 지사장 앞에서 PT를 하고, 대통령, 장관, 주한 UAE 대사, 주한 중국 대사, 암참, 유럽상의, 대학총장, 심지어 도지사 및 지자체장들과 만나며 새로운 비즈니스 영역을 개척했던 기억은 지금도 생생하다. 가왕 조용필은 매번 새로운 앨범을 낼 때마다 새로운 장르의 창법의 노래를 시도한다.(2024년 말 나온 20집 노래를 꼭 들어보시라. 누가 그를 75세 노인이라 상상할 수 있을까.)

판에 박힌 고정관념을 거부하는 나의 도전의식이 남들과는 조금 다르게 살아온 이유인 것 같고 변화에 대한 강한 욕구가 남들이 다 꺼려하는 노조위원장 출마를 하게 된 운명인 듯하다.

운명은 사다리 타기

동양학과의 만남
: 명리학과 인상학

나는 누군가가 거리에 버린 쓰레기를 보면 줍고 버려야 마음이 편하다. 심지어 휴가를 가서도 해변의 쓰레기를 아침저녁으로 줍는다. 흡연구역이 아닌 곳에서 담배를 피우는 사람들을 보면 눈에서 레이저가 나갈 정도다.

내게 직접 불편을 주지 않는 불법 주차 차량을 봐도 화가 나서 신고 전화를 하게 된다. 거리나 지하철에서 동냥하는 사람을 보면 그냥 돈을 내야 마음이 편하고, 발에 철사가 묶인 비둘기를 잡아 풀어주거나 버려진 유기견이나 고양이를 집으로 데려오기도 한다.

명리학을 공부하기 전까지는 이런 내 행동이 이해되지 않았다. 그러나 이제는, 앞서 말한 대로 내 몸속에 각인된 우주의 기운이 자동적으로 작동한 결과라는 것을 알게 되었다.

명리학에서 귀문관살이라고 하는데 내 지지에는 묘신(卯申) 두 글자가 들어 있다. 그런 이유에서 인지 정신적으로 예민하고 꿈을 많이 꾸는 편이다. 귀문관살이 신앙인으로 이끌었고 명리, 인상, 풍수 등 동양학에 큰 관심을 갖게 했던 원인인 듯하다.

지난 50년을 돌아보면 크게 이룬 것도, 잘한 것도 없다. 하지만 하늘이 주신 은덕으로 안정된 부모님 밑에서 큰 어려움 없이 평탄히 살아왔고, 좋은 직장에서 훌륭한 선배들과 좋은 동료들의 도움으로 지금까지 잘릴 걱정 없이 월급을 받으며 지내왔다.

성격이 급하고 역마살이 있어 캐나다, 중국, 싱가포르 등에서 학업을 했고, 지금도 해마다 친구를 만나러 가거나 혹은 가족여행으로 여러 번 해외에 나가지 않으면 숨이 막히듯 갑갑하다. 20대 이후로 전 세계 곳곳을 여행하며 세상이 넓고 다양함을 몸으로 체험했다.

인상학에서는 이마 부분의 좌우를 변지역마 자리로 보고 해외운을 예측한다고 한다. 내 이마에도 변지역마가 있다. 동그랗지 않고 평평한 나의 이마는 자리에 앉아서 사고하는 스타일이 아니라 먼저 실행하고 생각하는 형이다.(그래서 정규학업에는 큰 인연이 없는 듯하다) MBTI 분석에서도 나는 ISFP(모험가 성향)로 나타난다. 한 자리에 머물지 않고, 엉덩이를 붙이고 사는 팔자가 아니라는 소리다. 이는 사주의 오행이 다 있는 것과도 연관이 있겠다.

운명은 사다리 타기

동양학을 공부하기 전까지는 내 자신을 잘 몰랐고, 상황에 따라 급급히 살아왔다. 하지만 짧은 지식이나마 공부하면서 나와 내 인생에 대해 기승전결이 있는 하나의 대서사를 조금은 알게 되었다.

누구나 태어난 환경이나 살아온 과정은 다 다르지만 하늘이 주신 자기만의 삶을 소중히 생각하고 나의 길을 개척한다면 후회되지 않는 인생이 아닐까? 이것이 공자가 말한 지천명(知天命)이리라.

마지막으로 힘들고 지칠 때 이 노래를 듣고 활짝 웃으시며 새로 시작할 용기를 얻으시길 소원합니다.

거침없이 푸른 하늘
고개 들어 달려가
멈춤 없이 흐른 물을
온몸으로 부딪혀
빌딩들 사이로 좁아진 시선을
더 넓은 곳에 놔두고
사람들 틈으로 구겨진 어깨를
두려움이 없이 열어봐

여기 펼쳐진

세렝게티처럼 넓은 세상에

꿈을 던지고 예~

그곳을 향해서 뛰어가 보는 거야

−조용필 20집 '세렝게티처럼'

운명은 사다리 타기

나의 반평생 한겨레

  내 청춘을 다 바친 한겨레는 나에게 단순한 직장을 넘어선, 특별한 의미를 지닌 곳이다. 중학생 시절, 대학생 사촌 형들 집에서 처음 접한 허술했던 그 신문이 나의 직장이 될 줄은 꿈에도 몰랐다. 이 또한 나의 운명이었을 것이다. 24년간 한 직장에서 일한다는 것은 요즘의 관점에서는 쉬운 일이 아니다. 그러나 한겨레만이 내 전부였기에 한 눈팔지 않고 모든 것을 걸었던 것 같다.

  AI가 기사를 생성하고, 개인 유튜버들이 기성 언론보다 전문성과 영향력을 발휘하는 시대적 대변환 속에서 한겨레는 방황하고 있다. 세계 유일의 국민주 신문이자 1988년 창간 당시 가장 혁신적이었던 한겨레는 지금 시대에 뒤처져, 갈라파고스처럼 스스로를 가두고 있다.

나는 한겨레가 다시 부활하려면 신문 제작 과정과 회사 운영 방식을 폐쇄에서 개방으로 구조적으로 변경해야 가능하다고 생각한다. 강력한 팬이자 후원자인 7만 주주와 장기 독자를 외면한 채, 한겨레 구성원들끼리 대표를 선출하고 운영하는 현재의 구조로는 결코 지속 가능하지 않다.

주인(오너) 없는 회사라는 특성이 모두가 주인처럼 행동하는 독선적 행태를 낳았고, 외부에서는 도전이 불가능한 인기투표식 대표 선출 제도로 인해 3년짜리 아마추어 대표를 지속적으로 양산하고 있는 중이다.

먼저, 대표이사 선출 구조를 개방해야 한다. 대표이사 선출이 주주와 독자들의 축제처럼 정착된다면, 한겨레의 경영은 자연스럽게 풀릴 것이다. 윤석열 탄핵 국면에서 아직도 국민들은 신문 '한겨레'를 포기하지 않았음을 보여주었다.

두 번째로는 제품 생산 과정의 소통을 강화해야 한다. 기사들만의 신문이 아닌, 고객의 니즈를 반영한 신문으로 거듭나야 한다. 폐쇄된 구조에서 생산된 제품은 치열한 경쟁 속에서 외면받을 수밖에 없다. 지금 가진 것을 놓치지 않으려 할수록 하락은 더욱 가속화될 것이다.

투명 경영과 고객 소통은 현대 기업 경영의 필수 조건이다. 나만 옳다는 아집을 버리고 독자, 주주 및 이해관계자들과의 진정성 있는 소통을 강화할 때, 한겨레는 다시 존경과 신뢰를 받을 수 있을 것이다. 나는 이를 통해 한겨레 부활의 열쇠를 찾을 수 있다고 확신한다.

운명은 사다리 타기

앞으로의 다짐

앞으로 살아갈 날이 살아온 날보다 짧을지 길지는 모르겠지만, 천명을 알아가며 살아간다면 더 현명해지고 미래에 대한 불안도 줄어들 수 있을 것이라 확신한다. 지금까지 나를 지켜주신 하나님과 부족한 나를 위해 기도해준 많은 분들 그리고 가족들에게 더 잘살아야겠다는 다짐을 해본다.

변화를 두려워하지 않고 맞서온 지금까지의 경험이 나를 단련시키고, 새로운 도전을 가능케 했다. 이제는 나의 일천한 경험이 책을 읽는 독자들에게 사소하나마 도움을 주며 함께 성장해가고 싶다.

마지막으로, 내 청춘을 바친 한겨레 노동조합위원장 출마의 선언문과 나의 소중한 벗들의 편지를 부록처럼 붙인다. 이는 나를 반추하며 앞으로의 삶에 더 진실하고 겸손하게 나아가는 데 큰 도움이 될 것이다.

한겨레 노조위원장 출마선언문

출마합니다!

조합선거 공고 이메일 제목에 들어간 '12번째'라는 숫자에 답답하기도 하고 안타깝기도 했습니다. 광고매출에 대한 중압감 속에 하루하루를 보내며 열두 번에 열두 번을 망설였습니다.

지난 1년 한겨레는 김만배 돈거래 사건, 노조 집행부의 금전 유용 등 한겨레 존재의 이유를 묻게 한 심각한 일들이 있었습니다. 우리는 '위기'를 말했고 변화를 외쳤습니다. 그런데 지금 우린 어떻습니까?

우리는 기억하기 싫은 아픈 상처를 그저 가슴에 덮어두려고 했습니다. 새 경영진들을 포함한 우리는 1년 내내 위기를 말하면서 무엇이 위기인지, 어떻게 극복할지는 말하지 않았습니다. 취임 1년 차를 향해 가는 최우성 경영진의 경영 방향과 성과에 대한 평가조차 없습니다.

노조가 없으니 위기는 방치되고 변화의 기회마저 요원합니다. 한겨레 경영의 견제 주체이자 노조원 권익 보호자인 노조가 제 역할을 못하니 조합원의 탈퇴가 줄을 이었습니다. 전환 경영과 같은 공허한 구호와 조합원들의 일방적 감내는 답이 아닙니다. 경영진에게 "어려운 외부 환경"과 "디지털 전환"을 넘어 구체적 비전과 실행 계획을 요구하겠습니다.

부국장이 무슨 지부장 출마냐, 그냥 평탄한 길을 가라며 만류하는 동료들도 많았습니다. 나서서 바꿔 달라는 분들도 있었습니다. 그럼에도 지난 1년 전 회사의 혼란스러운 상황들을 복도한 선임 사주조합장으로서 일말의 책임감과 오지랖이 저를 괴롭혔습니다. 누군가는 짊어져야 할 무게라면 한겨레에서 받은 것이 많은 제가 나서는 게 맞다고 생각했습니다. 한겨레는 저에게 소중한 선후배 동료를 주었고, 성취하는 기쁨을 주었고, 웃음도 눈물도 주었습니다. 중견 간부로서 한겨레에게 얻은 지식과 경험을 회사의 발전을 위해 내놓아야 한다는 책임감이 들었습니다.

지난 수년 우리는 '각자도생'이라는 단어를 푸념처럼 써왔습니다. 각자도생으로는 우리 스스로의 미래도, 한겨레의 미래도 열 수 없습니다. 한겨레에 각자도생은 어울리지 않습니다. 우리는 민주주의를 갈망하는 시민의 열망으로 문을 연 조직이고, 지금도 사회에 빚을 지고 있습니다. 자괴감을 벗어 던지고 사명과 겸손으로 한겨레에 '웃음'과 '보람'을 되찾읍시다.

한겨레 3대 주체인 노동조합을 바로 세우는 것이 그 첫걸음입니다. 경영진에게 쓴소리도 하고 설득도 하면서 모두를 위해 지혜를 모으며 조합원의 권익과 행복을 되찾는 임무를 해내겠습니다.

우리 모두에게는 한겨레를 자랑스럽고 행복하게 만들 권리와 책임
이 있습니다.

새해 조합원 모든 분들에게 가정과 일터에서 큰 웃음이 함께하길
기도하겠습니다.

고맙습니다.

내가 만난 인간 유상진

유상진 님을 처음 만났을 때, 그에게서 가장 강하게 느꼈던 것은 깊
은 통찰과 따뜻한 인간미였습니다. 그는 인생의 여러 단계를 거치며
쌓아온 지혜와 경험을 비탕으로, 언제나 삶의 본질을 탐구하고 그
가치를 사람들에게 전하려 노력해왔습니다.

유상진 님의 중요한 특징은 항상 편향되지 않은 상식적인 관점에서
사고하고, 균형 잡힌 판단을 중시한다는 점입니다. 이 원칙은 그가
인생의 중요한 결정 앞에서 고민하는 이들에게 조언을 건넬 때 변함
없이 지켜온 기준입니다.

또한 사람에 대한 깊은 고민과 관심을 보여줬습니다. 모쪼록 이번
책은 인생 2막을 준비하는 모든 이들에게 큰 힘이 되길 바랍니다. 단

순한 정보 전달을 넘어, 새로운 인생을 시작하는 이들에게 필요한 실질적인 조언과 더불어 깊이 있는 위로와 격려가 되길 소망합니다.

　-한마음에너지 대표이사 이대영

　유상진 형님은 처음 보는 사람마다 솔직하고 박식한 모습에 이끌려 좋은 친구가 되고 싶어합니다. 풍부한 인생 역정이 형님을 시혜롭고 너그러운 사람으로 만들 수 있었다고 생각됩니다.

　그는 어떤 일에도 자신만의 독특한 견해를 가지고 있어서, 저에게 많은 것을 배우게 했습니다. 특히 국제적 시야를 가진 한국 내 문제 전문가라는 점이 중요합니다. 글로벌화된 오늘날 문제의 분석과 해결에 대한 국제적 시각이 부족하면 올바른 방법을 찾지 못할 가능성이 큽니다.

　형님은 그의 경험과 지혜로 많은 주변 사람들을 도왔습니다. 남은 인생 2막을 천지의 도를 깨달으시면서 더욱 좋은 형님으로 남아주시길 소망합니다.

　-張悅 중국인민일보 기자, 前 서울특파원

　저는 약 20년 동안 유상진 씨를 알고 지냈습니다. 처음에는 한겨레신문의 광고 사업팀장으로 열정이 넘치고 성실한 직원으로 그를 만났습니다. 시간이 지나면서 그는 한국에서 일하는 동안 가장 가까운 친구 중 한 명이 되었습니다. 우리는 지난 몇 년 동안 비즈니스 이외에도 개인적인 이유로 자주 연락하고 만났습니다.

그는 매우 스마트하고 지식이 풍부한 사람입니다. 한겨레에서의 오랜 경험은 그가 한국의 정치, 경제, 사회, 문화 등 다양한 이슈에 대한 깊은 이해를 갖게 했습니다. 해외에서의 근무, 학업, 여행 등은 그가 외국 및 지역 정치와 문화에 대한 인식을 더욱 강화시겼습니다.

우리의 대화는 한국 정치와 경제부터 국제 관계에 이르기까지 다양한 주제를 다룹니다. 그는 훌륭한 경청자로서, 자신의 생각을 명확하고 존중하는 방식으로 표현하는 능력을 지니고 있습니다. 그는 항상 친구인 저를 포함해 다른 사람을 대할 때 신중한 언어를 사용합니다.

그는 저를 그의 동료 및 친구들에게 소개해 주었고, 덕분에 강력한 비즈니스 및 사회적 네트워크를 구축할 수 있었습니다. 그의 동료들과의 협력은 제 자업을 크게 용이하게 했고, 우리 내사관의 공공 외교 노력에도 큰 도움이 되었습니다. 그의 동료들 중 많은 이들이 우리의 직업적 관계를 넘어 좋은 친구가 되었습니다.

그는 해외 경험과 서울에서의 외교 공동체와의 업무를 통해 친근한 성격을 갖게 되었습니다. 그는 다양한 배경의 사람들과의 교류를 통해 인종적·종교적으로 관용적인 태도를 지니게 되었으며, 다양한 문화에 쉽게 적응할 수 있는 능력으로 국내외 고위직에 적합한 인재입니다.

운명은 사다리 타기

또한 그는 이타적이고 관대하며 배려가 깊은 사람입니다. 저를 만날 때마다 항상 작은 선물을 가져오는데 이는 그의 따뜻한 마음을 보여줍니다. 그는 또한 가족 중심의 사람으로, 우리의 대화는 항상 가족에 관한 이야기로 이어집니다.

저는 그가 앞으로의 모든 일에서 계속해서 성공하기를 기원하며, 그와 그의 가족에게 건강과 행복이 가득하기를 바랍니다.

-Adam Abdelhameed (PH.D) UAE EMBASSY, SEOUL

저는 2011년 8월, 상하이의 푸단대학교에서 시작된 S3 아시아 MBA 과정에 등록하면서 상진을 알게 되었습니다. 우리 클래스는 한국, 중국, 인도, 미국, 싱가포르에서 온 34명의 학생들로 구성되어 있었습니다. 그는 저를 "다지에(大姐)"라고 부르며 따뜻하고 친근하게 다가와 주었고, 덕분에 우리는 공부하는 동안 빠르게 친해질 수 있었습니다.

함께 프로젝트를 진행하던 초기 시절부터 상하이의 활기찬 도시를 탐험하며 나눈 신나는 모험까지, 이 모든 순간은 우리에게 소중한 기억이 되었습니다. 음식과 새로운 문화를 탐험하는 데 대한 우리의 공통된 사랑은 우리를 더 가까워지게 해주었고, 우리는 함께 다양한 중국, 인도, 한국 음식을 맛보며 상하이 곳곳을 방문했습니다.

우리 우정의 가장 특별한 측면 중 하나는 상진이 항상 저에게 베풀어준 따뜻함과 환대입니다. 그가 한국의 집으로 저를 초대해 주었을 때, 그의 어머니와 아내가 준비한 맛있는 가정식은 제 배뿐만 아니라 제 마음도 따뜻하게 해주었습니다. 또한 자신이 다니고 있는 교회를 소개해주고 믿음을 나누어 준 배려 덕분에 외국에 있음에도 불구하고 집처럼 느낄 수 있었습니다.

아버지를 잃었던 힘든 시기에 상진은 변함없는 배려와 지원을 보여주었습니다. 그가 목사를 주선하고 어려운 시기에 필요한 물리적인 부분을 챙겨준 따뜻한 행동은 제가 항상 감사하게 여기는 일입니다. 그의 존재와 지원은 그 시기에 제가 필요로 했던 힘과 위안을 주었습니다.

상진은 교실에서의 수업보다는 현실에서의 경험을 더 즐기는 사람입니다. 시험보다 실전에서 더 똑똑한 편이지만 MBA 과정을 성공적으로 마쳤습니다. 그는 긍정적이고 명랑한 에너지를 지니고 있으며, 삶에 대한 사랑과 골프에 대한 열정이 전염됩니다. 그의 유머러스한 성격은 언제나 저를 웃게 만듭니다. 신문사에서의 그의 직업에 대한 열정과 진실을 보도하려는 신념은 저에게 깊은 인상을 남겼습니다. 그는 자신의 나라를 사랑하고 정치에 관심이 많다는 것이 분명합니다.

저는 상진이 사랑스러운 아내 현주와의 좋은 남편이자 두 아들 원이와 준이의 책임감 있는 아버지이자 롤 모델로 성장하는 모습을 지켜보았습니다.

상진을 알게 되어 기쁘며, 그가 자신의 열정을 추구하는 데에 모든 성공이 있기를 바랍니다.

-Ang Chin Chin Accounting officer, Ministry of Education Singapore

우리는 모두 그를 "따거(큰형)"라고 부릅니다.

나는 그를 상하이의 푸단대학교에서 만났습니다. 우리는 국제 MBA 프로그램을 공부하고 있었고, 푸단대학교(중국), 고려대학교(한국), 싱가포르 국립대학교에서 수업을 들어야 했습니다. 우리 반에는 한국인, 인도인, 미국인, 중국인, 싱가포르인 등 다양한 인종이 있었습니다. 서로 다른 식습관 때문에 서로 잘 어울리지는 못했지만, 중국에 대한 이해도도 높고 전 세계를 여행한 경험이 있는 상진 형과는 자연스럽게 어울리게 되었습니다.

그는 매우 지혜로운 한국인입니다. 그를 알게 되면서, 그는 자신의 화려한 과거 경험을 많이 이야기해 주었습니다. 그는 많은 나라를 여행하고 다양한 맛있는 음식을 맛보는 것을 좋아합니다. 상진은 여러 나라의 요리를 능숙하게 이야기할 수 있습니다.

우리가 한국으로 교환학생을 갔을 때, 우리를 데리고 다니며 한국의 맛있는 음식과 흥미로운 장소를 경험하게 해주었습니다. 한국에서 그는 큰형으로서의 책임감을 충분히 보여주었습니다. 심지어 우리에게 그의 신용카드를 빌려줘서 한국에서 쇼핑을 마음껏 할 수 있게 해주었습니다.

상진은 중국 문화도 매우 좋아하고, 중국 역사에 대해 잘 알고 있습니다. 그는 『삼국지』의 많은 인물들을 잘 알고 있으며, 많은 중국 속담을 정확하게 언급할 수 있습니다. 그는 중국 술도 좋아합니다. 우리가 중국으로 돌아간 후에도 그는 중국 술을 마실 때마다 나에게 전화했습니다. 그가 가장 좋아하는 술 브랜드는 "수정방"입니다.

싱가포르에서도 나는 운 좋게도 상진 형과 같은 기숙사에서 지냈습니다. 그는 매일 맛있는 음식을 요리하고 냉장고에 많은 과일과 우유를 준비해주었습니다. 그는 골프를 좋아하며, 심지어 한국에서 자신의 골프 클럽을 가져와서 싱가포르의 골프 연습장과 인도네시아의 골프장으로 데려갔습니다.

하지만 그때 나는 철이 없어서 상진 형과 작은 갈등이 있었고 기숙사에서 이사 나가게 되었습니다. 그것은 내가 매우 후회하는 일입니다. 이 기회를 통해 상진 형에게 다시 한 번 사과하고 싶습니다.

상진 형을 알게 된 것은 내 인생의 큰 영광입니다. 그는 나에게 많은 지식을 가르쳐 주었고, 다른 삶의 모습을 보여주었습니다. 그는 지혜롭고, 긍정적이며, 인생을 사랑하는 사람입니다. 그는 내가 매우 존경하는 형입니다. 나는 이제 그의 아들 유원의 대부가 되었습니다.

그가 항상 젊고 긍정적으로 살아가기를 바랍니다. 또한 상진 형과의 우정이 영원히 지속되기를 바랍니다. 형, 힘내세요!

　-時曉杰(Shi xiaojie), CEO of Shanghai Pilton ltd

7. 가는 곳에 길이 있다

이상진

일본에 관한 옛날 이야기

할아버지는 내가 어렸을 때 나에게 역사 이야기, 특히 일제강점기 시기와 6.25 전쟁 시기의 이야기를 자주 해주셨다. 할아버지는 타고난 이야기꾼이었는데 그 시대를 살아온 분이기도 하고, 기억력이 놀라울 정도로 정확해서 마치 어제 겪은 일을 이야기하듯 생생하게 얘기해 주시곤 했다. 나는 할아버지께 들은 이야기를 반복적으로 듣는 경우가 많았는데 매번 새로웠다.

살아온 시대적 배경 때문인지는 모르겠지만, 1931년생인 할아버지는 반일감정과 반공의식이 아주 강한 사람이었다. 할아버지는 경남 남해안의 어촌마을에서 태어나고 자랐는데, 작은 어선 1척과 해안가에서 멀지 않은 산자락 아래 작은 논을 가지고 어업과 농업을 하며 살아오셨다. 할아버지는 6.25 전쟁 중 국군으로 참전한 참전용사이자 국가유공자이기도 하다. 전쟁 초기 낙동강 방어선까지 밀렸다가 이후 UN군의 참전으로 전세는 역전되었고, 그 후 국군은 서울을 수복하고 평양까지 점령한 후 계속 북진하게 되는데, 그 시기 중공군과 교전한 자신의 경험 이야기를 할 때면 할아버지는 아주 열정적이었고, 나는 그 이야기가 너무 재미있었다.

내가 대한민국 밖의 세상을 모르던 어린 시절, 할아버지는 TV에서 일본 관련 뉴스가 나오거나 삼일절, 광복절 등 일본 관련 기념일이 있는 날이면 "왜놈들", "왜정시대"라는 표현을 사용하며 일본인을 원색적인 표현으로 비난했고, 신뢰할 수 없는 사람들이라고 말했다. 당시 나는 어떠한 사실을 스스로 평가하고 판단할 정도의 자의식이 형성되지 않은 어린아이였고, 할아버지의 말씀은 내게는 곧 진리였던 시기였다.

나는 우리 집의 장손이었는데 할아버지는 유달리 나를 아끼고 좋아해 주셨다. 할아버지의 나에 대한 편애는 당시 어린아이였던 나도 분명히 느낄 수 있을 정도였다. 할아버지에게는 4명의 친손자, 2명의 친손녀, 2명의 외손자, 4명의 외손녀 등 총 12명의 손자(손자/손녀의 총칭)가 있었는데, 작고하실 때까지 다른 손자들과는 비교할 수 없을 정도로 나에게 특별한 사랑을 주셨다. 외출하셨다가 돌아오실 때면 맛있는 과자를 사 오시곤 했는데, 항상 나를 먼저 불러 먹게 하고는 나머지를 다른 가족들에게 주셨다. 나의 버릇없는 행동에 엄마가 나를 혼내려 해도 아이가 한 걸 가지고 뭘 그러냐며 오히려 엄마를 나무랐다. 할아버지는 바다 사람 특유의 거칠고 호전적인 면이 있었지만, 나에게만큼은 부드럽고 자상한 사람이었다. 그래서 어린시절의 나에게 할아버지의 말씀은 보편적 진리 그 자체였다. 할아버지는 일제강점기에 자신의 마을 사람들이 겪어야 했던 차별과 멸시를 이야기하며 나에게 일본인과 관련된 일은 절대 하지 말라고 했고, 그들은 겉과 속이 다른 사람들이므로 신뢰할 수 없다고 말했다. 어린시절의 나는 진심으로 그러리라고 다짐했고, 일제강점기에 할아버지를 포함하여 한국인들을 착취한 일본인들은 상종 못 할 사람들이라고 생각했다.

운명은 사다리 타기

일본 유학과 일본 취업

시간이 흘러 나는 성인이 되었고, 군 제대 후 영국에서 어학연수와 인턴십을 하고, 유럽과 아프리카를 여행했다. 성장 과정에서 다양한 서적과 언론에서 접한 일본경제와 일본기업의 성공 스토리, 그리고 영국과 유럽에서 내가 만나본 일본인, 일본으로 가서 생활하며 겪어 본 일본인은 어린시절 할아버지가 말한 그 일본과 일본인이 아니었다. 우연인지 필연인지 나는 일본으로 유학을 가게 되었다.

최근 일본의 일반 시민들이 느끼는 한국문화, 한국인에 대한 인식은 K-Pop, 한류드라마 열풍 등의 영향으로 상당히 우호적으로 변해가고 있는 것으로 보인다. 이는 1990년대, 2000년대와 비교하면 상당히 괄목할 만한 변화이다. 나는 2010년, 일본에서 대학을 졸업하고 첫 직장생활을 나고야에서 시작했다. 대학 시절에는 일본의 현지 문화를 체험할 기회가 많았다. 우리 대학은 유학생과 외국인 교원의 비중이 높아 세계대학평가의 국제화 부문에서 매번 높은 평가를 받았던 학교인데, 그래서인지 유학생들을 위한 일본문화체험 프로그램이 풍부하게 마련되어 있었다. 그중에서도 내가 자주 참여했던 것은 유학생을 위한 홈스테이 프로그램과 일본 초등학교와의 교류 프로그램이었다. 홈스테이 프로그램은 주말 또는 휴일을 이용해 평범한 일본인 가정으로 방문하여 1박 2일 동안 그 가정집에서 숙박하며 그 가족들이 준비한 행사를 함께하는 것이고, 초등학교 교류 프로그램은 주로 종강 후 방학 시기에 근교의 일본 초등학교로 가서 한국 역사와 문화를 소개하거나 현지 초등학생들과 특별활동을 함께 하는 것이었다.

일본 생활 중 가장 좋았던 기억을 꼽으라면, 단연 일본 특유의 따뜻한 오모테나시(おもてなし: 환대) 정신을 느낄 수 있었던 일본 현지 가정집에서 홈스테이를 한 것과 일본의 초등학교를 방문해 그동안 갈고 닦은 일본어 실력으로 현지의 어린 학생들과 교감을 나눈 것이다. 특히 나는 대학 재학 중 많은 호스트 패밀리를 방문해 홈스테이를 했는데, 각 가정마다 저마다의 독특한 분위기가 있었지만, 공통적인 특징은 일본인 특유의 친절함, 배려, 여유가 있었다는 점이었다. 나는 내가 방문했던 대부분의 호스트 가족들과 좋은 관계를 유지했고,

공식 프로그램이 끝난 이후에도 개인적으로 별도 연락해 일본에 체류하는 동안 여러 번 방문하여 숙식을 함께한 호스트 패밀리도 많았다. 그중 한 가족은 20년 이상이 지난 지금도 편하게 연락을 주고받을 정도로 가깝게 지내고 있고, 나는 요즘도 나고야에 갈 때면 시간을 내어 그 집을 다시 방문하곤 한다. 지금 나에게는 그 가족이 웬만한 친척들보다 더 가까운 사이로 느껴진다.

대학 졸업 후 직장생활은 나고야의 전자부품 제조사에서 시작하게 되었다. 입사 초기에는 생산공장에서 생산업무를 담당했는데 업무상 나와 상호작용을 하는 대부분의 일본인 동료들은 나를 자신들과 동일한 한 명의 사원으로 대해 주었고, 한국인이라는 이유로 부당한 대우나 차별을 받은 적은 단 한 번도 없었다. 우리 회사는 제조업의 서플라이 체인 상 한국기업과도 밀접한 관련이 있는 기업이었던 관계로(일본에서 생산된 소재·부품이 한국에 공급되고, 한국은 이를 이용해 완성품을 생산해 수출하는 패턴) 오히려 업무수행 측면에서 일본인 사원보다 더 좋은 대우(해외출장 기회, 각종 통번역 업무 등 직무외 활동기회 등)를 받은 적은 여러 번 있었다. 국제무대에서의 달라진 한국의 국제적 위상과 삼성/LG/현대차 등 한국기업의 글로벌 활약으로 인해 나는 일본에서 한국인으로 생활하면서 비교적 무난한 사회생활을 시작했다.

아사히 신문과의 인터뷰

일본에서 발행부수가 가장 많은 신문은 요미우리 신문과 아사히 신문이다. 일본 사회에 가장 큰 영향력을 가진 대표적 신문사 중 하나인 아사히 신문의 국제면에 나의 인터뷰와 우리 회사에 관한 기사가 실린 적이 있다(2010.5.28일자). 기사의 주요 내용은 한일 경제협력을 통해 세계 시장에서 두각을 나타내는 일본기업과 그 일본기업에서 근무하는 한국인 사원에 관한 것이었다. 일본의 메이저 신문사에 내 사진과 함께 우리 회사의 기사가 실린 것은 나에게는 매우 특별했던 경험이자 큰 행운이었다고 생각한다.

나는 기사의 내용과 기사와 함께 실린 근무 중인 내 사진도 마음에 들었지만, 더 좋았던 점은 바로 아사히 신문사 한국 담당기자와 가졌던 2시간 남짓한 대화 그 자체였다. 특별한 사람과의 대화 또는 특별한 상황에서의 대화는 그 자체로 인생을 살아가는 하나의 활력소가 될 수 있다는 것을 느꼈다. 아사히 신문사 담당기자와의 대화는 나에게는 그런 것이었다. 그는 중년의 신사 이미지였는데, 회사 입구 주차장에서 처음 인사를 나누었을 때 잘생긴 외모와 차분하지만 세련된 캐주얼 정장 스타일, 상대를 배려하는 매너, 지성미 넘치는 분위기 등을 접하고 정말 멋있다는 생각을 했다. 그는 서울 특파원 생활을 3년 넘게 했다고 자신을 소개했고, 예전부터 한국의 정치, 경제, 문화, 역사에 관심이 많았다고 했다. 나는 그의 한국 이야기가 반가워서 한국특파원 생활에 관해 가벼운 질문을 했다. 그는 매우 솔직하게 한국사회와 한국인에 대한 자신의 느낌을 말해주었는데, 한없이 무거울 수 있는 주제를 재치와 위트를 곁들여 가치중립적이고 솔직한 대답을 해주었다.

처음 10분 정도는 나에 대한 배려였는지 한국어로 대화하다가, 그 이후의 인터뷰는 모두 일본어로 했다. 나는 한국사와 세계사에 관심이 많은 편인데, 마음에 드는 일본인을 만나면 그 사람의 역사관이 궁금해진다. 즉 동일한 역사적 사건에 관하여 나와 다른 견해를 가졌는지, 그렇다면 어떤 이유에서인지 그런 것들이 아주 궁금하다. 특히 한일 관계에서는 역사적으로 민감한 사건들이 많아 이를 설명하는 다양한 이론과 견해가 존재하기 때문에 더욱 그렇다. 그리고 한눈에 보기에도 성공가도를 걷는 일본의 언론인이, 또 일본 메이저 신문사의 한국통이기도 한 그가 한일 양국의 쟁점이 되는 역사적 사실에 관해 어떤 인식을 갖고 있는지가 궁금했다. 물론 그는 산케이 신문이나 요미우리 신문이 아닌 아사히 신문 소속이기 때문에 그가 말을 안 해도 그의 역사관이 조금은 짐작이 되지만, 그래도 궁금했다.

인터뷰 도중 난 의도적으로 한일합방 100주년(그 해가 1910년으로부터 정확히 100년이 흐른 2010년이었음), 독도 문제, 일본 정부의 과거사 사죄 문제 등을 조금씩 언급하며 21세기는 양국 간 새로운 관계 정립이 필요한 시점이라고 말하며, 그의 의중을 떠 보았다. 기본적인 인터뷰 주제가 한일 간 경제교류와 바람직한 한일 관계였기 때문에 내가 충분히 할 수 있는 질문이었다.

그가 나를 인터뷰 하는 입장이었지만, 그는 내 질문에 적극적으로 자신의 의견을 개진했다. 내가 무엇을 궁금해하는지 그는 알고 있었다. 그는 근대사를 거치며 형성된 한국 국민의 일본에 대한 한(恨)의 정서를 깊이 이해하고 있었고, 과거사 문제에 관한 한국 정부의 주장은 매우 자연스러운 것이라는 취지의 답변을 했다. 그가 실제로 자기 생각을 말해주었는지, 아니면 내가 한국인이라 배려 차원에서 그렇게 말했는지는 모르겠지만, 최소한 불행했던 양국의 과거사에 대해 가해국의 국민으로서 미안함과 안타까움을 느끼는 것 같았고, 아직도 반성하지 않는 일본의 극우 정치인들에 대해 상당히 비판적인 평가를 했다.

 일본에는 다양한 논조를 가진 많은 신문사들이 있는데 주요 신문사의 성향을 살펴보면, 한국에서도 유명한 극우 성향의 산케이 신문, 보수 성향의 요미우리 신문, 진보 성향의 아사히 신문, 마이니치 신문 등이 있고, 우리나라의 신문사들처럼 사별로 뚜렷한 논조를 가지고 있다. 특히, 아사히 신문은 과거사 문제에 관해 진보 성향의 기사와 사설을 많이 내보내는 것으로 유명하다. 2차 세계대전 기간 중 일본이 한국과 중국에서 저지른 전쟁범죄가 외교적으로 논란이 될 때마다 과오가 있다면 인정하고 사죄해야 한다는 논조의 기사를 민감한 시기마다 내보내 일본 보수층으로부터 "매국 신문"이라는 강도 높은 비난을 지속적으로 받아왔고, 종종 일본 극우단체로부터 테러 위협까지 받았던 신문사이다. 나는 이런 진보적 논조 때문에 아사히 신문을 구독하고 지지한다. 내 주변의 가까운 일본 친구들도 대부분 아사히 신문을 구독하는 걸 보았는데, 일본에서 생활하며 느낀 점은 대부분의 일본 국민은 우리에게 유명한 일본의 정치인들처럼 그렇게 보수색을 띠지는 않는다는 것이다. 일부 소수의 극우 성향 정치인을 제외하면 일본 사회는 건전한 역사의식을 가진 사람들이 대다수인데, 문제는 그 일부 소수의 극우 정치인들이 장기간 정권을 잡으며 여론을 왜곡하고 있다는 점이다.

 이날 아사히 신문과의 인터뷰는 나에게 편안한 분위기에서의 즐거

운 대화였고, 목적지향적·형식적인 인터뷰가 아닌 '일본에 살고 있
는 한국인과 한국에 살고 있는 일본인의 허심탄회한 의견 교환의 시
간'이 되었던 것 같다. 이 인터뷰는 일본에서의 가장 특별했던 기억
중 하나로 남아 있다.

운명은 사다리 타기

일본을 떠난 2가지 이유
: 지진과 집단주의 문화

2011년 3월 11일 오후 2시 46분, 일본의 동북지방에서 동일본 대지진(M 9.1)이 발생했다. 지진 발생 후 약 4분 정도 지난 시점에 내가 근무하고 있던 토카이 지방 오가키시(나고야 근처)에서도 진도 5 정도의 지진을 느낄 수 있었다. 당시 나는 서가 옆에 선 채 파일을 정리하고 있었는데, 나도 모르게 손에서 힘이 빠지며 파일을 땅에 떨어뜨렸다. 처음에는 약간의 어지럼증이 원인인가 하고 생각했다. 그런데 그것이 아니었다. 약 3초 후 책상이 더 크게 흔들리고 천장에 걸려 있는 전등도 심하게 흔들리기 시작했다. 그제서야 비로소 '지진이다!' 하는 생각이 들었다. 나는 그때까지 일본에서 진도 4 이상의 지진을 단 한 번도 경험해 본 적이 없었다.

그때는 뉴질랜드 크라이스트처치 시에서 진도 6 이상의 강진이 일어난 지 채 한 달이 지나지 않은 시점이었기 때문에, 많은 언론이 일본에서의 지진 가능성을 제기하고 있던 때였다. 나는 지진 발생 순간 극도의 공포감을 느꼈고, 머릿속에는 빨리 건물 밖으로 도망가야 한다는 생각밖에 없었다. 그런데 주위를 둘러보니 다른 직원들은 모두 자리를 지키고 있었는데, 말단인 내가 먼저 뛰쳐나가는 것은 적절하지 않다는 생각이 본능적으로 스쳐갔다. 어쩔 수 없이 주변 상황을 살피며 누군가 먼저 움직이면 나도 곧바로 뒤따라 달려나가야겠다는 생각을 하며 주변을 살폈다. 사람들이 동요하고 있었지만 누구도 먼저 비상구 쪽으로 달려나가는 사람이 없었다. 나는 혼자서 건물 밖으로 달려나갈 수도 없고 그렇다고 내 자리에 가만히 있을 수도 없어서 안절부절못하는 상황이 계속되고 있었다.

건물의 강한 흔들림이 지속되지 시내방송이 나오고, 지진 상황에 대한 안내와 대피 순서, 대피 방법에 대한 안내방송이 나왔다. 그제야 비로소 사람들이 움직이기 시작했는데, 재난 상황이라고 생각할 수 없을 정도의 질서정연함이 놀라웠다. 끼어드는 사람이 없으니 오히려 신속하게 전원의 대피가 이루어졌다. 나는 그제서야 안도했다. 방송도 안 듣고 나 혼자 살겠다고 뛰어나갔으면 정말 큰일날 뻔했구나 하는 생각이 들었다. 건물을 나와 도로로 나갔더니 많은 사람들이 업무를 중단하고 우리처럼 도로로 나와 있었다. 도로로 나온 이

운명은 사다리 타기

후에도 몇 번 더 충분히 느낄 수 있는 정도의 진동이 이어졌다.

회사 사람들은 모두 동시에 휴대폰을 꺼내 가족의 안전을 확인하기 위해 전화를 걸었고, 회사에도 한국으로부터 많은 전화가 걸려왔다. 우리 회사는 한국의 기업 및 대학, 연구단체들과 교류 관계를 맺고 있었고, 한국에서 온 단기간의 산업연수생들도 있었다. 이때까지만 해도 나는 이 지진이 일본에서 흔히 발생하는 병범한 지진인 줄 알았다. 그런데 퇴근 후 집에 와서 지진 관련 뉴스 속보를 시청하고 나서, 그 지진이 일본의 지진 관측 역사상 최대 규모의 지진이라는 점과 정작 큰 문제는 지진이 아니라 지진에 따른 쓰나미로 인한 피해라는 점을 알았다.

그날 나는 5시 10분에 정시 퇴근을 하고 집에 와서 저녁을 차려먹으면서 NHK 뉴스 속보로 동북 지방을 강타한 쓰나미 영상을 보았고, 블록버스터 영화에나 나올 법한 저 상황이 정말 현실인가 하는 생각에 충격에 휩싸여 있었다. 그 순간 한국에서 엄마한테 전화가 걸려왔다. 그 시간이 저녁 7시 30분 정도였는데, 엄마는 아주 다급한 목소리로 나에게 어디 다친 데 없냐고 물었다.

그날 오후 동일본 대지진 발생 후, 한국 언론도 속보로 시시각각 일본의 상황을 보도하며 지진과 쓰나미로 인한 피해 상황을 고스란히 영상으로 내보내고 있었는데, 엄마도 그걸 보고 깜짝 놀라 일본에 있는 아들이 무사한지 발을 동동 구르며 연락을 취한 것이다. 엄마가 걱정할 것 같아 나도 엄마한테 전화를 하려고 여러 차례 시도를 했었다. 그러나 지진 발생 직후 일본 전역에서 전화 통화량이 폭증하는 바람에 국제전화는 물론 국내전화조차도 연결이 어려운 상황이었기 때문에, 결국 나는 전화 걸기를 포기하고 TV로 뉴스 속보만 보고 있었다.

그런 상황에서 엄마는 너무나 운이 좋게도 나와 전화 연결이 된 것이다. 나는 그 사실이 너무 놀라워서 어떻게 전화가 연결이 된 것인지 물었더니, 엄마는 수십 번도 넘게 걸었는데 계속 불통이어서 가슴을 졸이고 있던 중, 겨우 이번 한 번 연결이 된 거라고 말했다. 재난 상황에서 극적으로 연결된 전화였지만, 의외로 전화 연결음 상태는 아주 좋았다. 엄마한테 "여기는 진원지에서 상당히 떨어진 곳이라서 난 다친 데가 전혀 없고, 우리 회사도 아무 피해가 없고, 내가 사는 토카이 지방도 별다른 피해는 없어 보이니 걱정 마시라"고 말하고 전화를 끊었는데, 그 이후로도 며칠 정도 다시 전화 연결이 되지 않아 엄마는 마음을 태웠다고 한다. 그런데 문자를 보내는 것에는 지장이 없어서 지인 및 주변 한국인들과의 연락은 주로 텍스트 메시지를 통해 했었다.

동일본 대지진(M 9.1)과 사상 초유의 대규모 쓰나미, 그로 인한 후쿠시마 원전 폭발사고 등으로 인해 피해지역의 거주자 47만 명 이상이 주거지를 떠나 피난 생활을 했다. 후쿠시마 원전을 잃은 도쿄전력

운명은 사다리 타기

은 전력 부족 사태에 대처하기 위해 도쿄의 각 지역별로 순번을 정해, 전기공급을 중단하는 이른바 "계획 정전"을 2011년 3월 14일부터 실시했다. 이로 인해 도쿄도 내의 이른바 "당번 지역"은 완전한 암흑의 밤이 되었다. 쓰나미 피해를 입은 지역은 엄청난 양의 바닷물이 육지를 덮쳐, 염분이 함유된 해수로 인한 농지 피해가 심각했다. 논농사를 짓는 평야 지대가 많았던 일본 동북 지역은 쓰나미로 많은 양의 바닷물이 논으로 유입되었고, 바닷물로 인해 논의 염분 농도가 높아지면서 벼는 물을 흡수할 수 없게 되었다. 그래서 피해를 입은 논 지역의 토양을 정화하는 작업도 진행되었다.

한편, 이 대재앙을 전후한 기간에 일본인들이 보여준 질서의식과 타인을 배려하는 마음(思いやり)은 감동의 연속이었다. 나는 특히 기업들의 신문광고와 TV의 커머셜 광고 내용에 큰 감동을 받았다. 그리고 극도의 혼란 속에서도 국민 대부분이 각자의 위치에서 자기 역할을 다하는 점, 편의점이나 마트 등에서 절도 사건이 거의 없었던 점 등을 보며 일본이라는 나라가 처음으로 대단하다고 느껴졌다. 기업들의 광고는 〈혼자가 아닌 더불어 사는 세상이다. 서로 배려하며 위기를 극복해 나가자〉는 류의 메시지가 담긴 광고들이 주를 이루었는데, 기업 홍보 목적보다 그 기업이 사회에 전달하고자 하는 메시지 위주로 간결하게 잘 만들어진 광고가 많았다.

일본 사회는 지진 직후, 이 대재앙이 남긴 피해를 극복하는 것은 길고도 긴 싸움이 될 것으로 보고, 미래를 내다보는 장기적 관점에서의 이른바 "창조적 복구" 작업을 시작했지만, 그 계획이 결실을 맺기 위해서는 아직도 많은 시간과 노력이 더 필요해 보인다.

 이 대지진은 일본의 산업뿐만 아니라 정치 지형에도 큰 영향을 주었다. 2009년, 일본의 민주당은 전후 최초로 역사적인 정권교체를 이루어 냈고, 이로써 54년간 장기 집권해온 지민당의 독주는 막을 내리며 민주당이 이끄는 새로운 일본이 탄생했다. 일본에서 선거를 통해 정권이 교체된 것은 1955년 자민당 창당 이후 처음 있는 일이었고, 새 정권에 대한 일본 국민의 기대감은 컸다. 그러나 민주당 정권이 단명하게 된 결정적 계기 중 하나는 사상 초유의 재난인 동일본 대지진과 후쿠시마 원전사고를 수습하는 과정에서 강력한 리더십의 부재로 여러 차례 갈팡질팡하는 모습을 보여 국가적 피해를 키웠고, 그로 인해 국민의 신뢰를 잃게 되었다는 점이나. 이 섬을 자민당이 잘 파고들어 2012년에 다시 정권을 되찾아 올 수 있었다. 이후 일본 헌정 역사상 최장수 총리가 되는 아베 총리의 장기집권이 시작되게 된다.

 지진 당시 일본에서 5년째 살고 있던 나에게 이 대지진은 지금껏 경험해 보지 못한 충격이었고, 이후 일본을 떠나야겠다는 생각을 하게 된 주된 이유 중 하나가 된다. 대지진 이후에도 크고 작은 여진이 한 달 이상 지속되어 한동안 큰 불안감을 가지고 생활해야 했다.

일본 기업의 집단주의 문화

나는 첫 직장생활을 일본에서 시작했는데, 입사초기 업무 적응 및 대인관계로 힘들어하던 내가 가장 처음 들은 조언은 "튀지 말라(目立つな)"는 말이었다. 처음에는 무슨 말인지 몰랐다. '사람은 각자 저마다의 개성과 특징과 방식이 있는데 어떻게 튀지 않고 균일화될 수 있나'라고 생각했다. 그러나 일본에서 직장생활이 길어지고, 이후의 커리어도 일본기업과 관련된 일을 해보고 나서야 그 말의 정확한 의미를 이해할 수 있었다. 그때의 그 조언은 이후의 커리어에서도 많은 도움이 되었다. 튀지 않기 위해서는 그 조직을 정확히 알고 있는 것이 전제되어야 하는데, 당시 사회에 첫발을 내디딘 나로서는 나의 색깔을 최대한 없애고 조직의 색깔에 맞추어 가는 것이 쉽지 않은 과정이

었다. 물론 그 조언은 기업 경영 환경이 급변하고, AI가 주도하는 4차 산업혁명이 빠르게 진행되고, 조직 구조도 그에 맞게 재편되는 등의 다이내믹한 상황에서는 통용되지 않겠지만, 사업운영 및 업무처리에 있어 상당히 보수적인 방식을 유지하는 일본의 조직문화에서는 현재에도 아주 유효한 조언이다.

제2차 세계대전의 패전국 일본은 종전 후 산업의 기반 시설들이 대부분 파괴되어 국토가 폐허가 되었지만 한국전쟁 시기에 미국이 주요 군수물자를 일본으로부터 조달하면서 산업 생산이 다시 활기를 띠기 시작했고, 1960년대부터 일본 경제는 본격적인 고도성장 시기로 접어든다. 1964년 아시아 최초의 올림픽인 도쿄올림픽이 개최되었고, 1960년대 일본의 연평균 경제성장률은 10%대를 기록한다. 이러한 전후 일본의 괄목할 만한 경제 성장세는 1980년대까지 지속되었고, 세계적인 사회학자이자 동아시아 전문가인 에즈라 보걸(Ezra F. Vogel) 하버드대 교수는 일본의 고도성장기인 1979년 출간한 그의 저서 『Japan as Number One: Lessons for America』에서 전후 일본경제의 고도성장 요인을 분석했고 일본식 경영을 높이 평가했다.

이 시기 일본기업의 집단주의 문화는 일본경제의 고도성장을 뒷받침한 하나의 요인일 수 있다는 주장이 제기되어 서구사회에서 일본의 조직문화가 재조명되기도 했다. 종신고용제, 연공형 승진 및 보상

제도를 기초로 하여 집단을 중시하는 일본의 공동체형 인사관리 관행에서는 팀원 간 협력과 성과달성에도 유리한 관계 중심적 조직문화가 형성되기 쉽다. 집단책임주의와 팀 중심의 작업방식, 작업현장에서의 종업원의 자발적인 참여와 권한 위임은 제품생산 과정에서 지속적인 프로세스 개선을 가능하게 하여, 일본기업의 강점인 전사적 품질관리(TQM: Total Quality Management)를 실현하기에도 적합한 환경이 조성된다.

이러한 바탕 위에서 작업시간, 작업동작, 운반의 낭비를 최소화하고 생산효율을 극대화하는 린 생산시스템(Lean Production System), 원재료를 필요한 시기에 필요한 만큼 조달하여 필요수량만큼만 적시에 완제품을 생산하는 적시생산(Just In Time) 시스템 등으로 대표되는 도요타 생산방식(Toyota Production System)이 소개되게 되었고, 이는 이후 많은 미국 기업들에게도 벤치마킹의 대상이 되었다.

그러나 전쟁 폐허를 딛고 일본을 세계적인 경제대국으로 성장시킨 하나의 동력으로 한때 평가받았던 일본의 집단주의 문화는, 빠르게 지식기반사회로 이행하며 환경변화가 수시로 일어나는 현대에는 그 경직성으로 인해 여러 가지 단점들이 지적되고 있다. 20대 초반에 한국군에서 단체생활을 경험한 나는 첫 직장생활에서 접한 일본의 집단주의 문화를 입사 초기에는 별다른 거부감 없이 받아들일 수 있었지만, 시간이 지날수록 비효율이 많다고 느꼈다. 조직의 명령에 복종하고, 집단적 가치를 우선시하고, 타인의 사생활에 무관심한 일본식의 개인주의 문화가 처음에는 나와 잘 맞는다는 생각이 들었지만, 시간이 흐를수록 왠지 모를 불편함과 고립감을 느꼈다.

사람의 정체성은 타인과의 관계에서 형성되는 경우가 많은데, 일본에서의 직무환경은 자신이 담당하는 분야에만 집중하는 경향이 있어 직장 내에서 타인과의 연대감 형성이 강하지 않았고, 반복되는 업무 속에 일을 통해 느끼는 성취감이나 개인의 성장 가능성 측면에서도 한계를 느낀 적이 많았다. 그래서 적절한 시기에 일본 생활을 마무리하고 한국으로 귀국하고자 하는 생각을 갖게 되었다.

그 즈음 도쿄여행을 갔다가 우연히 MBA Fair에 참석할 기회가 있었고, 그 후 그동안 계획하고 있던 커리어 전환을 위해 MBA에 진학하게 되었다. 그리고 졸업 후에는 싱가포르에 소재한 글로벌 경영컨설팅 펌에서 두 번째 커리어를 시작하게 된다.

운명은 사다리 타기

싱가포르 속 작은 일본

싱가포르로 이직 후, 나는 그곳에서도 일본기업들의 해외사업과 관련된 일을 했다. 한국에서 접한 일본과 직접 일본으로 가서 경험한 일본은 사뭇 달랐다. 그런데 한국도 일본도 아닌 동남아시아에서 생활하며 접한 일본은 앞의 두 경험과는 또 다른 것이어서 그 일부를 적어보고자 한다.

싱가포르의 보타닉 가든 근처 Adam Road에는 "The Japanese Association"이라는 건물이 있다. 건물 외견은 일견 관공서 같기도 하고, 컨벤션 홀 같기도 하고, 고급호텔 같기도 한 이 건물은 싱가포르에 거주하는 일본인과 일본 기업인들을 다방면으로 지원하기 위한 목적으로 1998년 준공된 일본인 회관(The Japanese Association)

이다. 이 회관은 일본 정부와는 아무런 관련이 없는 민간 시설물인데, 일본대사관보다도 크고 화려하다. 이곳은 싱가포르에서 기업 활동을 하는 일본인들이 정보 교환을 하는 허브 역할을 할 뿐만 아니라, 각종 여가생활과 취미생활을 즐길 수 있는 시설물도 갖추고 있는데, 빌딩 입구에서 들어서면 일본풍 분위기가 물씬 묻어난다.

싱가포르에서 살다 보면, 싱가포르 사람들의 일본과 일본인에 대한 인식이 매우 우호적이어서 놀랄 때가 많다. 거리를 걷다 보면 버스나 택시, 빌딩 외벽 전광판의 상품광고에 "메이드 인 저팬"이라는 점을 강조하고, 심지어 광고 문구로 일본어 문구를 그대로 삽입하기도 한다. 2015년 타계한 싱가포르의 국부 리콴유 초대총리도 생전에 일본의 료칸 문화, 도쿄의 스시 장인 등을 자주 언급하며 일본에 대해 친밀감을 표시한 것이 언론에 보도되기도 했다. 싱가포르뿐만이 아니다. 태국, 미얀마 등 동남아의 다른 나라를 가도 현지인들의 일본 기술, 일본 기업에 대한 우호적 태도를 접하고 매우 놀란 적이 많다.

문득 아시아에서 일본은 어떤 이미지를 가진 나라인가 하는 의문이 들었다. 최근 동남아시아의 경제가 빠른 속도로 성장하고 있지만, 동아시아 경제의 무게중심은 여전히 동북아시아에 있고, 동북아시아의 주요국인 한국과 중국은 전반적으로 반일 기류가 매우 강하다. 그런 환경에 익숙해져 있다가 싱가포르, 태국을 비롯한 동남아 국가들의 일본 사랑을 보면 상당히 놀랍다. 그 때문인지 동남아시아 지역

운명은 사다리 타기

은 자동차, 기계, 소비재 등 산업 주요 분야에서 일본기업들의 활약이 두드러지고, 일본에 대한 현지인들의 인식도 매우 우호적이다.

나는 싱가포르의 글로벌 경영컨설팅펌에 약 2년간 근무하며, 고객사를 대상으로 동남아시아 의료 인프라 투자에 관한 세미나를 담당한 적이 있는데, 당시 세미나 장소가 싱가포르 일본인 회관이었다. 처음에는 이곳이 소수의 일본인들만을 위한 제한적 복적을 가진 공간인 줄 알았는데, 갈 때마다 내부 시설물들을 자세히 둘러보고 나서 내 짐작이 틀렸다는 것을 알았다. 한마디로 이곳은 비지니스 목적 모임뿐만 아니라 각종 문화행사, 이벤트, 소모임 등이 매우 활성화된 말 그대로 싱가포르의 모든 일본인들을 위한 "일본인 회관"이었다. 다양한 규모의 세미나실, 공연장은 물론 일본 전통의 "차도(다도茶道)" 모임을 위한 공간도 있고, "서예" 모임 공간도 있었다. 1층에는 마트도 있는데 일본 쌀, 과자, 낫토 등 각종 일본 음식을 판매한다. 이 건물에 들어오면 일본에 온 것 같은 느낌이 든다.

동남아에서의 일본에 대한 우호적 분위기에 편승하여 자연스럽게 그 속에서 조화롭게 공존하는 것처럼 보여서 "The Japanese Association"의 존재가 한국인으로서 부러웠다.

일본과 미얀마

　나는 2013년부터 2016년까지 견학, 업무, 여행, 지인 방문 등 다양한 목적으로 미얀마를 6회 방문했다. 여행을 좋아하는 나는 싱가포르에 3년간 거주하는 동안 많은 동남아 국가들을 여러 번 여행했는데, 그중 가장 좋았던 나라를 하나만 꼽으라면 단연 미얀마이다. 역사적으로 태국과 라이벌 관계를 형성하며 한때 동남아시아의 맹주로 군림했던 미얀마는 양곤뿐만 아니라 천년 고도 바간 등 보석과도 같은 유서 깊은 도시들이 매우 잘 보존되어 있어서 가는 곳마다 세월의 흔적을 그대로 느낄 수 있었다. 나의 첫 번째 미얀마 방문은 2013년 싱가포르에서 MBA 과정을 하고 있을 때, 스터디 트립(Study Trip)으로의 8일간의 방문이었다. 이후 싱가포르에서 취업한 후에도 자주 방문할 기회가 있었는데, 그 즈음 미얀마는 오랜 군부독재가 종식되고 2010년 민정 이양 이후 적극적인 개혁/개방 정책이 시행되며 동남아시아의 마지막 남은 프론티어 마켓으로서 글로벌 기업들이 주목하는 새로운 투자처로 떠올랐기 때문이다.

미얀마는 외자 유치를 위해 3개의 경제특구(Special Economic Zone)를 운용하고 있는데, 그중 가장 활발한 외국인 직접투자가 이루어지고 있는 양곤 근교의 틸라와 경제특구는 미얀마 정부와 기업이 51%(미얀마 컨소시엄 41%, 미얀마 정부 10%), 일본 정부와 기업이 49%(일본 컨소시엄 39%, 일본 정부 10%)의 지분을 가지고 2014년 설립한 "미얀마-일본 틸라와개발유한회사(Myanmar Japan Thilawa Development: MJTD)"가 개발을 주도하고 있고, 틸라와 경제특구 관련 특별법 제정에는 일본의 대형 로펌이 자문사로 참여했다고 한다. 이쯤 되면 미얀마에서 일본의 영향력은 상당한 수준인 것으로 볼 수 있고, 일본에 대한 미얀마 현지인들의 인식도 긍정적으로 변화하고 있는 것으로 보인다.

과거 미얀마에서는 전통적으로 같은 사회주의 국가인 중국계 기업들이 중국 정부의 지원에 힘입어 미얀마의 주요 개발사업을 담당하는 경우가 많았는데, 실제 미얀마를 방문해서 받은 인상은 오히려 일본 정부와 기업의 영향력이 중국의 그것을 뛰어넘고 있다는 것이었다. 일본은 고도성장기인 1960년대부터 미얀마의 정관계와 우호적

관계를 유지하며 미얀마에서의 경제적 이권을 추구해 왔고, 지금도 중국과 경쟁하며 미얀마에서 강한 영향력을 유지하고 있다.

양곤의 현지 은행 임원인 지인의 양곤 자택에 초대받아 방문한 적이 있는데, 미얀마 정부의 지원으로 영국 및 일본에서 유학한 정부 관료 출신인 그의 아버지와 대화를 나눌 기회가 있었다. 그는 나의 일본 관련 경력에 매우 관심을 보이며, 나에게 일본 현지 산업계의 동향과 동남아에 진출한 일본 주요기업들의 사업 현황에 대해 물었다. 내게 일본 관련 백그라운드가 있고, 일본기업의 동남아 투자 관련 업무를 하고 있다는 사실만으로 그의 아버지는 초면인 나에게 매우 우호적이었고, 거리감이 전혀 느껴지지 않을 정도로 나를 대해 주었다. 학창시절 한국 근대사 공부를 하며 나를 그토록 분개하게 만들었던 바로 그 일본과 관련된 경력이 지금 미얀마에서는 나에게 메리트로 작용하고 있다는 현실이 조금 불편했지만, 그들이 한국의 경제나 기업보다 일본의 경제, 기업에 더 관심이 있는 것은 아주 자연스러워 보였고, 그것은 전후 일본 정부의 일정한 노력의 결과이기 때문에 어쩔 수가 없었다.

미얀마는 2010년 민정 이양 이후, 군부 출신 떼인 세인(Thein Sein) 장군이 첫 민선 대통령이 되어 과도기적 통치를 하다가 2015년 총선거에서 아웅산 수치 여사가 이끄는 민주주의민족동맹(NLD)이 압승하면서 비로소 진정한 의미의 민정 이양이 실현된다. 그리고

운명은 사다리 타기

2016년 3월 말 새 정부가 구성되어 미얀마 역사상 처음으로 6년간 민정에 의한 통치가 이루어진다. 그러나 군정 시절인 2008년 개정된 헌법으로 인해 군부가 국회의원 총 의석의 25%를 자동 배정받고 국방부와 내무부 장관을 선임하며, 대통령이 아닌 군 최고사령관이 국군통수권을 갖는 구조가 되어 군부의 정치적 영향력은 여전히 유효했다. 이러한 구조를 바꾸기 위해서는 개헌이 필요했시만, 국회의원 75% 이상의 찬성이 필요해 민주화 세력으로서는 사실상 개헌이 불가능한 구조였다. 이후 2020년 11월 총선에서도 민주주의민족동맹(NLD)이 다시 압승을 거두자, 아웅산 수치 여사는 2021년 1월 5일 군부에 헌법 개정을 요구했다. 이에 군부는 부정선거가 있었다는 것을 명목으로 2021년 2월 1일 민 아웅 흘라잉(Min Aung Hlaing) 최고사령관 주도로 쿠데타를 일으켰다. 군부는 또다시 정치의 전면에 나서 아웅산 수치 여사를 구금하는 등 민주화 인사들을 탄압하고 쿠데타에 반대하는 시민들을 강경 진압했으며, 이는 미얀마 각지에서 대규모 유혈사태를 촉발시키는 계기가 된다.

　2021년 군부 쿠데타로 서방세계의 경제제재가 재개되며 미얀마는 다시 중국과 밀월관계로 들어서게 된다. 이 시기 일본의 대 미얀마 외교는 이중적 태도를 보인다. 일본 정부는 쿠데타를 비난하며 폭력 중단과 민선 정부 인사들의 석방을 요구했지만, 다른 한편으로는 미얀마 군정과의 외교 관계 정상화를 가속화하고 있다. 일본은 2021년

5월 군정이 임명한 외교관을 받아들였고, ODA 신규 사업을 중단했지만 기존 사업은 계속 진행하고 있으며, 이에 미얀마 군부는 쿠데타 후에도 일본기업의 미얀마 내 기득 사업권을 그대로 인정하고 있다. 이러한 일본 정부의 태도는 미얀마에서의 명분과 실리를 동시에 확보하려는 시도로 보인다.

정치적 불확실성과 시시각각 변화하는 시장 환경 속에서 새로운 기회를 모색하고자 치열하게 움직이는 일본 기업들을 보고 있노라면, 나라에는 국경이 있지만 기업의 경제활동에 있어서는 국경은 무의미하다는 사실을 다시 한번 느끼게 된다. 알면 알수록 동남아 시장에서의 영향력 확대를 위한 일본 기업과 정부의 발빠른 대응과 공조가 흥미롭다.

한국으로 귀국한 이유

나는 새로운 세상을 찾아 여행하고 탐험하는 것을 좋아한다. 앞서 언급한 미얀마를 포함한 동남아시아의 수많은 아름답고 경이로운 도시들을 여행할 때마다, 일본 특유의 고즈넉한 정취가 느껴지는 노천 온천에 몸을 담그고 힐링의 시간을 가질 때마다, 영국에서 인턴십을 하면서 틈틈이 발견한 근처의 이름 없는 명소들을 산책할 때마다, 유럽과 아프리카를 혼자 여행하면서 타 문명의 신비로움과 경이로움을 접할 때마다 나는 이 모든 것들이 나 혼자만 경험하기에는 너무 아깝다는 생각이 들었다.

그럴 때마다 마음속에서 항상 떠나지 않았던 한 가지 아쉬움은, 이 세상에는 보석과도 같은 멋진 장소들이 너무 많은데 그곳에서 시간을 함께하며 경험과 생각을 나눌 수 있는 동반자(이를테면 가족)가 없다는 점이다. 즉 결혼을 하기 위해 나는 일찍부터 노력해왔지만, 나의 노력이 부족했는지 아니면 하늘이 이를 허락하지 않았는지 결혼은 커녕 1년 이상 연인관계를 유지해 본 이성은 단 한 명도 없었다. 대학을 졸업하고 일본과 싱가포르에서 직장 생활을 하는 동안 어느덧 내 나이는 30대 중반을 훌쩍 넘기고 있었고, 이대로 계속 외국 생활을 이어 가다가는 결혼도 못 하고 나이만 먹겠구나 하는 위기감이 불현듯 몰려왔다. 일본과 싱가포르에서는 결혼이 불가능하다는 결론에 도달한 것은 아니지만, 시간이 지날수록 그것이 쉽지 않겠다는 것은 확실히 느낄 수 있었다. 보수적이면서도, 자기중심적이고, 개인주의적 성향도 강했던 나와 핏(fit)이 맞는 이성을 다른 문화권에서 찾는다는 것은 쉬운 일이 아님을 나는 너무 늦게 깨달았다. 나는 그때까지 내가 괜찮은 남자라는 착각 속에 빠져서 살고 있었는데 뒤돌아보면 나는 부족한 점이 너무도 많았던 미숙한 인간이었던 것이다.

 결혼을 하기 위해 더 늦기 전에 한국으로 돌아가고 싶었다. 물론 서울로 간다고 해서 좋은 만남이 보장되는 것은 아니었지만, 그 가능성은 높일 수 있을 것이라 생각했다. 귀국 초기, 30대 중후반의 나이에 한국에서의 첫 구직활동은 녹록지 않았다. 몇 달 동안 어려운 시간을 보낸 끝에 천우신조로 내가 가장 원했던 직장에 최종 합격할 수 있었다. 뒤돌아보면 내 인생은 크고 작은 불운의 연속이었지만, 항상 인생의 큰 고비에서는 행운이 따라주었고, 그것이 오늘의 나를 만들었다.

나는 한국에서의 첫 직장이자 나에게 드림 컴퍼니였던 그 회사에서 정말 행복한 시간을 보냈다. 많은 면에서 미숙했던 내가 그곳에서 훌륭한 선배·동료들을 만나 세상 이치를 조금이나마 깨우칠 수 있게 해준 값진 시간이었다. 일본과 싱가포르라는 특수 시장만을 경험했던 나는, 그곳에서 처음으로 한국사회의 기업문화와 경영방식, 대인관계의 스킬 등을 깊이 있게 배우게 되었는데, 나에게는 마치 봉사가 눈을 뜨듯 신세계를 접하는 기분이었다.

그리고 또 다른 귀국 목적 달성을 위한 나의 노력은 계속되었지만, 불행히도 재직 기간 중 나는 교제하는 이성이 없었다. 나는 정체되지 않는 인생을 살려면 적어도 5년에 한 번은 앞으로의 진로에 대해 진지하게 고민해야 한다고 생각한다. 향후의 커리어에 대한 깊은 고민 끝에 새로운 진로로 방향을 잡고 있을 즈음 운명처럼 한 여성을 만났고, 만난 지 불과 3개월 만에 예식장을 예약했다. 그리고 두 달 뒤 결혼에 골인했다. 첫 만남부터 결혼식까지 5개월이 채 안 걸렸다. 나도 상대방도 사회 경력이 많은 나이였으므로 판단 능력이 충분했고, 두 사람 모두 매우 신중한 성격을 가졌다는 점을 고려할 때 이는 지금 생각해도 매우 이례적인 결정이었다. 나는 이전까지 만난 지 1년이 안 되어 결혼하는 사람들에 대해 부정적인 시각을 갖고 있었는데,

아이러니하게도 내가 결혼을 해보니 5개월이라는 시간은 결혼을 결정하는 데 있어 전혀 짧은 시간이 아니라고 느껴졌다. 물론 시간이란 상대적인 것이므로 처한 상황이나 함께하는 사람에 따라 그 길이가 다르게 느껴지는 것은 당연하다.

이 시기 역시 한국 귀국을 결정했을 때와 같이 내 인생의 큰 전환기였는데, 그때 지금의 아내를 만날 수 있었음에 감사힌다. 결혼 후 2년 뒤인 2024년, 사랑스런 우리의 첫째 아기가 탄생했다. 결혼 당시 나는 상당히 리스키한 선택을 앞두고 있었음에도 당시 나와 썸을 타던 아내는 나에게 무한한 신뢰와 지지를 보내주었다. 나는 사람의 직업이 그 사람의 지위를 나타낸다는 말에는 동의할 수 없고 직업에는 귀천이 없다고 생각하지만, 그런 내 생각과는 무관하게 내 아내는 일정한 사회적 지위를 수반하는 직업을 가진 사람이다. 그런 사람이 고귀한 인품까지 갖추고 있음을 학인했기에 나는 그녀에세 식진할 수밖에 없었다.

어릴 적 할아버지를 따라 깊은 산속에 위치한 고찰을 방문한 적이 있다. 그곳의 스님은 할아버지의 시주를 받은 후 다른 드릴 것이 없으니 아이의 관상을 봐주겠다고 하면서 내 얼굴을 유심히 들여다보았다. 그리고는 이 아이는 고향과 부모를 멀리 떠나 있을 상이고 그래야 성공할 수 있겠다고 말했다. 실제로 나는 고등학교를 졸업한 이후 집을 멀리 떠나 혼자 살았다. 집을 떠나서도 한 곳에 계속 머물러

운명은 사다리 타기

있진 않고 여러 곳을 돌아다녔는데, 그중에는 군 입대 기간을 포함해도 한국에서 보낸 시간보다 외국에서 보낸 시간이 훨씬 길다. 집과 비교적 가까운 일본에서 직장생활을 하며 장기간 머물렀고, 비교적 먼 영국과 싱가포르에서도 인턴과 직장생활을 하며 장기간 머물렀다. 그런데 내가 성공을 했는지는 모르겠다. 나는 내가 늦게 성공하는 대기만성형이라고 믿고 싶고, 최선을 다해 오늘을 살고 있다.

이제 불혹(不惑)을 지나 지천명(知天命)에 가까운 나이에 다가가고 있지만, 나는 아직 내가 지금 어디쯤에 서 있는지 좌표를 알지 못한다. 내가 있어야 할 곳에서, 나의 본연의 모습으로, 하늘로부터 부여받은 천직이란 것이 있다면 그것을 찾아서, 그 역할을 수행하고 싶다. 그래서 여유 있고 품격 있게 늙어가고 싶다.

노무사 시험을 준비하며 잠시 쉬어가는 시기에 황충연 선생님의 〈명리수업〉을 알게 되었다. 나는 예전부터 역사와 공맹의 가르침, 동양 고전에 큰 흥미를 느끼고 있었는데, 명리학은 고대 중국사와도 일맥상통하는 점이 많아 배울수록 흥미로웠다. 뒤늦게나마 인간의 운명과 생로병사에 관하여 이토록 실생활과 밀접하고 유용한 학문을 배울 수 있음에 감사했다. 예전부터 어렴풋이 '나라는 사람은 이런저런 특징을 가진 사람이다'라는 생각을 갖고는 있었지만, 여전히 나는 나 자신을 알지 못했다. 이번에 명리학을 공부하면서 그동안 나조차도 이해하지 못했던 나의 행동들에 대해 그 배경을 설명하는 이론들을 배울 수 있었다. 명리학이 인간의 본성을 탐구하고, 특정인의 성품과 능력, 건강부터 길흉화복의 시기까지 예측할 수 있음을 확인하면서, 명리는 3000년 이상의 긴 세월 동안 서로 다른 관점을 가진 여러 학자들에 의해 집대성된 인간과 우주에 대한 통섭적 학문임을 깨달았다. 그리고 지나온 날들을 반성하고, 나에게 주어진 시간과 인연을 더욱 소중히 여겨야겠다는 생각을 했다.

뒤돌아보면 내 인생의 어려운 시기마다 이를 극복하고 재기할 수 있었던 것은 엄마와 아내의 변함없는 사랑과 지지 덕분이었다. 지금 생각해도 나는 좋은 부모와 아내를 만났고, 그것은 내 인생에 있어 아주 큰 행운이었다. 좋은 운을 타고 난 것에 감사하며, 나도 그 무한한 사랑을 내 딸과 내 주변에 베풀면서 살고 싶다. 그리고 지천명의 나이가 될 즈음에는 나 자신을 알고, 나의 좌표를 알고, 나에게 주어진 천명을 알기 위해 최선을 다해 오늘을 살아살 것이다.

운명은 사다리 타기

운명은 사다리 타기

인쇄일 2025년 1월 20일
발행일 2025년 2월 3일

지은이 강신일, 강안나, 김대중, 설지혜, 심의섭, 유상진, 이상진

펴낸곳 아임스토리(주)
펴낸이 남정인
출판등록 2021년 4월 13일 제2021-000113호
주소 서울특별시 영등포구 선유동2로 57 이레빌딩 16층
전화 02-516-3373
팩스 0504-037-3378
전자우편 im_book@naver.com
홈페이지 www.im-story.com
블로그 blog.naver.com/im_book

ISBN 979-11-981599-5-3 (03190)